Birgit S. Seibold

Großbritannien und die Kolonialisierung Swazilands

Die Geschichte eines afrikanischen Königreichs 1880-1902

Birgit S. Seibold

GROSSBRITANNIEN UND DIE KOLONIALISIERUNG SWAZILANDS

Die Geschichte eines afrikanischen Königreichs 1880-1902

ibidem-Verlag
Stuttgart

Bibliografische Information der Deutschen Nationalbibliothek
Die Deutsche Nationalbibliothek verzeichnet diese Publikation in der Deutschen Nationalbibliografie; detaillierte bibliografische Daten sind im Internet über http://dnb.d-nb.de abrufbar.

Bibliographic information published by the Deutsche Nationalbibliothek
Die Deutsche Nationalbibliothek lists this publication in the Deutsche Nationalbibliografie; detailed bibliographic data are available in the Internet at http://dnb.d-nb.de.

Coverabbildung: Swaziland Digital Archives; photo number 107. Concessionaires at Mbandzeni, Photographer: Joseph Raucher, Quelle: Millin family. Abdruck mit freundlicher Genehmigung.

∞

Gedruckt auf alterungsbeständigem, säurefreien Papier
Printed on acid-free paper

ISBN-13: 978-3-8382-0424-6

Printed in Germany

INHALTSVERZEICHNIS

Vorwort

Dieses Werk markiert den Abschluss meines langjährigen Studiums an der Universität Tübingen, der University of Cambridge und der FernUniversität Hagen. Viele Semester habe ich Musikwissenschaft, Romanische Philologie, Neuere englische Literatur mit Schwerpunkt Landeskunde, Betriebswirtschaftslehre, Volkswirtschaftslehre, Recht für Wirtschaftswissenschaftler, European Studies, History und Social and Political Science studiert. Ich bin diesen Universitäten unendlich dankbar für diese fundierte Ausbildung.

Auch danke ich meinen Eltern, Dr. Roland und Irene Proßt, dass sie mir dies alles ermöglichten. In diesen Jahren konnte ich so viele außergewöhnliche Wissenschaftler kennenlernen, die ich hier nicht namentlich erwähnen möchte. Dennoch hatte ich während meines Studiums sehr viele Höhen und Tiefen, Erfolge und Misserfolge. Die Tiefen und Misserfolge taten zwar weh, aber sie haben mir stets neue Wege eröffnet. Ich denke, ich bin nun auf einem guten Wege. Auch danke ich meiner Familie, die mich stets ermutigte, unterstütze, und die an mich und meine Fähigkeiten glaubte. Ich weiß nicht, in welcher Reihenfolge ich nun diesen Personen danken soll, aber ich nenne sie in "chronologischer" Reihenfolge. Ich danke meinem Onkel Prof. Dr. E.D. Franz, meinem Onkel Prof. Rüdiger Wendt, meiner Patentante Inge Staiger, meinem Onkel Roland Staiger, meinem Mann Dr. Michael Seibold, meinem Bruder PD Dr. Rüdiger Proßt und meiner Tochter Emily Seibold. Auch meinen Freunden Nathalie Gilbert, Ines Duarte Berger, Charlie Marshall, Jörg Beirer, Martina Glück, Dr. Adolfo Murguia, Elli Baier, Paloma Gonzales Bosque, Sylvia Gierlichs und Prof. Vera Scherr schulde ich großen Dank. Mit Wehmut gedenke ich dem ein oder anderen guten Freund, den ich aus den Augen verlor, oder der, wie Herr Senator h.c. Klaus Jentzsch, viel zu früh verstarb. Meinen Freunden in Großbritannien von der Swaziland Society danke ich für die Unterstützung und das Interesse an meiner Arbeit. Zuerst danke ich Frau Fiona Armitage-Woodward für ihre Gastfreundschaft in Oxford während aller Forschungsreisen in die Rhodes House Library. Dann danke ich der Rhodes House Bibliothekarin Lucy McCann für ihre Hilfe bei der Entzifferung der Manuskripte und natürlich deren Bereitstellung. Ich danke dem früheren britischen Hochkommissar in Swaziland John Doble, OBE und Dr. Jim Watson für ihre Unterstützung. Auch Herrn F.W. Zimmermann von der Deutschen Swasilandgesellschaft danke ich für aufschlussreiche Informationen und literarische Inspirationen. Der wohl größte Dank gebührt, an der Universität Tübingen, meinen Professoren Dr. Eckhardt Auberlen und meinem späteren Doktorvater, Professor Christopher Harvie.

A Einleitung

Die folgende Arbeit behandelt ein landeskundliches Thema, die Kolonialisierung eines afrikanischen Staates im späten 19. Jahrhundert unter der Fragestellung: Eroberte Großbritannien Swaziland? Dabei wird nicht nur den historischen Prozessen Rechnung getragen werden, sondern, es wird auch versucht, die wichtigsten Vertragswerke dieser Zeitspanne, die Swaziland betreffen, völkerrechtlich einzuschätzen. Zwei Aspekte der Eroberung Swazilands sollen hervorgehoben werden. Der erste Aspekt wäre, zu prüfen, ob es sich im Falle Swazilands überhaupt um eine Eroberung handelte. Der zweite wäre, falls eine Eroberung auszuschließen wäre, welche Art der Kolonialisierung bei Swaziland vorlag. Die Mächte, die sich zeitgleich für Swaziland interessierten, waren die Südafrikanische Republik und Großbritannien. Der Betrachtungszeitraum dieser Arbeit sind die Jahre 1880 bis 1902, die eigentliche Hochphase des so genannten *Scramble for Africa.* Unter der Fragestellung, ob Großbritannien Swaziland eroberte, soll der historische Prozess bis hin zur Übernahme der Oberherrschaft im Jahr 1902 dargestellt werden. Neben den auswärtigen Angelegenheiten, den diplomatischen Beziehungen der beteiligten Staaten, geht es auch um die inneren Angelegenheiten im Lande selbst. Der Fokus richtet sich primär auf die britischen Einflussfaktoren, seien sie politischer, wirtschaftlicher oder privater Natur. Denn, *the Scramble for Africa* war vielschichtig, es waren nicht nur Politiker und Diplomaten daran beteiligt:

> One of the most vigorous historians of the British Empire, Lawrence James, has rightly pointed out that there were two scrambles for Africa during the 1880s and the 1890s: on the one hand there was the diplomatic game in which de Brazza, Salisbury or Bismarck pored over maps. The other was the "more robust business in which individuals ventured into largely unknown hostile regions and cojoled or coerced their inhabitants into accepting new masters and new laws". [1]

Diese Arbeit soll beide *scrambles* behandeln, das der Politiker und Diplomaten und das der *individuals.* Erstaunlicherweise wurde auch um Swaziland gerangelt, obwohl es ein eher unbedeutendes und kleines Land war, um das

---

[1] A.N. Wilson, *The Victorians,* Arrow Books, London, 2003, S. 490

sich die Buren und Briten bemühten. Swaziland selbst versuchte mit allen Mitteln, seine Unabhängigkeit zu bewahren. In dieser Arbeit geht es darum, weshalb sich insbesondere die Briten für Swaziland interessierten. Zunächst liegt als Argument die geografische Nähe zum Transvaal auf der Hand. Swaziland lag mitten auf dem Transportweg zwischen Witwatersrand und Indischem Ozean und spielte somit im Geschäft mit dem Gold eine strategische Rolle. Ferner lag die Vermutung nahe, dass es auch im angrenzenden Swaziland Goldvorkommen gäbe. Jedoch gibt es noch eine ganze Reihe anderer Argumente, die im Verlauf dieser Arbeit erläutert werden. Ein Phänomen, das wohl in der Geschichte Afrikas ohne Vergleich ist, ist die graduelle Landnahme Swazilands durch Buren und Briten mittels Konzessionen. Die Summe aller Faktoren, politische Gegebenheiten sowie ökonomische Interessen, bestimmte letzten Endes das künftige Schicksal Swazilands. Waren innenpolitisch als auch außenpolitisch die zweiundzwanzig Jahre zwischen 1880 und 1902 die entscheidenden Jahre für Swaziland im Kampf um den Erhalt seiner Unabhängigkeit trotz Kolonialisierung und Interessensausweitung der Briten, Buren, Portugiesen und auch der Deutschen im südlichen Afrika, und trotz immerwährender Spannungen zwischen Buren und Briten. Wer die eigentlichen Gewinner waren zeigt die Geschichte. Die Details, das Taktieren, die einzelnen diplomatischen Schritte, die "Schachzüge" der wichtigsten Beteiligten soll diese Arbeit darstellen. Fakt ist, Swaziland verlor mit dem Ende des Burenkrieges 1902 endgültig seine Unabhängigkeit an die Briten, die es kurz zuvor schon, im Jahre 1895, an die Buren verloren hatte.

In der Geschichte Afrikas waren es zunächst die großen Seefahrernationen, die bereits ab dem 15. Jahrhundert Stützpunkte und später Handelsniederlassungen an den Küsten unterhielten. Mit der Berliner Konferenz 1884/5 wurde das neue Zeitalter der Kolonialisierung und Teilung Afrikas durch die Europäer eingeläutet. Im Falle Swazilands waren es zunächst nur die Buren, die sich Swaziland "einverleiben" wollten. Im benachbarten Transvaal fanden noch Wechsel statt zwischen südafrikanischer*[2] und britischer Regierung. So war Transvaal ein Burenstaat, bis 1877 Sir Theophilus Stepstone dort die britische Flagge hisste. Nach der Schlacht von Majuba Hills im Februar 1881, war Transvaal wieder südafrikanisch. Diese politischen Wechsel im benachbarten Transvaal hatten natürlich Einfluss auf Swaziland und so war Swaziland zeitweise mehr burenfreundlich, zeitweise mehr mit Großbritannien *on friendly terms,* erstaunlicherweise aber auch gleichzeitig mit beiden. Bevor der Leser hier nun denken mag, die Swazis hätten diplomatisch Buren und Briten gegeneinander ausgespielt, mag er sich zunächst das Kräfteverhältnis vergegenwärtigen. In der Zeit, als Transvaal unter britischer Herrschaft war, von 1877 bis 1881, entwickelte sich eine *fruitful relationship* zwischen Swazis und Briten, die sich unter anderem im militärischen Beistand der Swazis im Zulukrieg 1879 und im Krieg gegen die Bapedi 1879 und 1880 äußerte. Besiegelt wurde diese Partnerschaft durch den Besuch von General Sir Evelyn Wood bei König Mbandzeni im Jahr 1881, der versprach, Swaziland unter britischen Schutz zu stellen. Andererseits leisteten die Swazis auch den Buren Beistand, wie im Jahre 1876 gegen die Bapedi, und hatten über nunmehr vier Jahrzehnte, seit dem ersten *Swazi-Boer Treaty of Friendship (1840)* Beistands- und Freundschaftsverträge mit den Buren geschlossen und gehalten. Letzten Endes aber saß Swaziland im wahrsten Sinne des Wortes zwischen zwei Stühlen, und so wundert es nicht, dass das Land am Ende seine Unabhängigkeit verlor, zuerst an Südafrika (1895), dann an die Briten (1902).

> It could be said that Swaziland owes its present existence as a separate political unit to the historical accident that it lies in an area where the interests of Boer and Briton (and to some extent, those of the Portuguese) clashed during the nineteenth century. Neither was prepared to allow the other to gain any undue influence over the country. So, Swaziland's independence was protected until nearly the end of the century by the mutual jealousies of its powerful neighbours.[3]

[2] Transvaal nannte sich seit 1853 Südafrikanische Republik, von 1877 bis 1881 war Transvaal britische Kolonie. Am 16. Dezember 1880 wurde erneut die Republik ausgerufen, mit der Pretoria Convention (1881) war Transvaal wieder ein Burenstaat bis zum *Anglo-Boer War* von 1899-1902.

[3] J.S.M. Matsebula, A History of Swaziland, Cape Town: Longman, 1972, S. 65

Was die Außenpolitik Swazilands betraf, mag Professor Matsebulas Zitat wohl seine Berechtigung gehabt haben. Innenpolitisch war Swaziland in keinster Weise *protected.* Und die graduelle Landnahme der Europäer, der "Ausverkauf" des Landes mittels Konzessionen innerhalb kürzester Zeit, von 1886 – 1888 war wohl weltweit ohne Vergleich. Dieser Prozess wird im dritten Kapitel detailliert beschrieben.

Betrachtet man die Karte des südlichen Afrika, so findet man im Jahre 1880, dem Anfangsjahr meiner Untersuchung, im Nordosten einige portugiesische Territorien entlang der Küste Mozambiques sowie entlang des Zambeziflusses, weiter südlich das britische Natal im Südosten sowie die britische Kapkolonie ganz im Süden. Im Landesinneren sind die Burenstaaten Oranje-Freistaat und der Transvaal. Basutoland weiter im Süden, das spätere Lesotho, wurde 1868 britisches Protektorat. Ein schmaler Korridor im Osten Swazilands zwischen dem portugiesischen Mozambique und dem britischen Natal, Tongaland, war noch unabhängig.

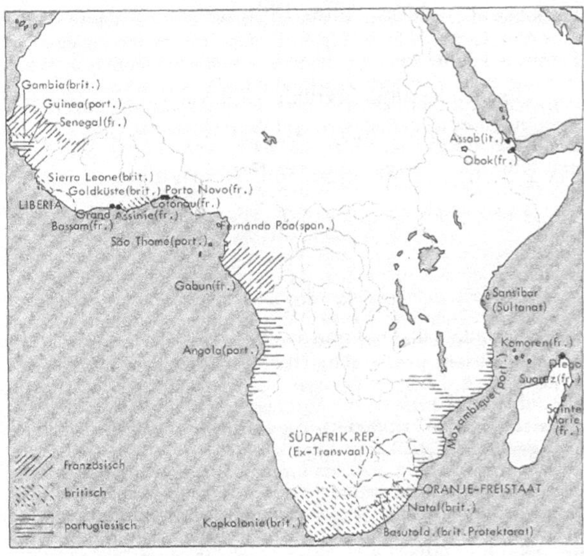

Karte 14: Afrika 1880

[Karte Afrika 1880, s. Fischer Weltgeschichte]

Swaziland war 1880 ein kleines, etwa der Größe Wales entsprechendes Land, das im Westen an das östliche Transvaal angrenzte. Im Süden grenzte Swaziland an Zululand, das seit 1879 zu Natal gehörte, im Osten an das noch unabhängige Tongaland und im Nordosten an das portugiesische Mozambique. 1880 war es, genau wie die Burenrepubliken, *landlocked,* ohne Zugang zum Meer, davon jedoch nur ungefähr fünfundvierzig Meilen Luftlinie entfernt. Swaziland, ein Konglomerat aus Nguni, Sotho und Tsonga Bantu wurde erstmals unter König Mswati II (1839-1868) zu einer Nation vereint. Die Nguni waren die ersten, die um circa 1600 das Gebiet des heutigen Swazilands bevölkerten. Der Stamm der Dlaminis stellt traditionsgemäß die Könige Swazilands. Im Jahr 1880 regierte Mbandzeni, auch Umbandine, Mbandini oder auch Dlamini IV genannt, der mit siebzehn Jahren im Jahr 1875 König wurde. Bis zu seiner Volljährigkeit wurde König Mbandzeni von seiner Stiefmutter Sisile und seinem *ndvuna* Sandlane Zwane bei den Regierungsgeschäften unterstützt. Im Frühjahr 1880, auf Initiative des britischen Transvaals, wurde die Transvaal-Swazi Grenze zu Ungunsten der Swazis neu fixiert. Dadurch verloren die Swazis strategisch wichtige Gebiete wie Komatipoort, Barberton, Carolina und Ermelo. Dies sollte erst der Anfang der graduellen Landnahme durch die Weißen unter Mbandzenis Regentschaft darstellen. Was folgte, war eine "Besitzergreifung" Swazilands, nicht nur von *land and labour*, sondern von allen nur erdenklichen *assets* durch die Weißen. Die Pretoria Convention (1881) und die London Convention (1884) garantierten formal Swaziland die Unabhängigkeit, innenpolitisch verlor sie das Land aber sukzessive in den 1880er Jahren, bis es mit Mbandzenis Tod im Jahr 1889 völlig in die Abhängigkeit geriet. Zwar war Swaziland 1889 außenpolitisch noch immer ein unabhängiges Königreich, konnte aber schon seit geraumer Zeit seine innenpolitischen Schwierigkeiten nicht mehr ohne die Hilfe der britischen und der Transvaalregierung lösen. Waren die Swazis früher bedroht durch andere afrikanische Stämme, wie die Zulus oder die Bapedis, und suchten Hilfe bei den Buren und Briten, so waren sie nun, im Jahr 1889 bedroht von den Buren und Briten im eigenen Land, und suchten wiederum Hilfe bei den jeweiligen Regierungen, vorzugsweise bei der britischen Regierung. Kurzum, mit dem Beginn der 1890er Jahre gab es für die Swazis zwei bedrohliche Faktoren: derer im Land, die britischen und burischen Konzessionäre, und jener "von nebenan", vom plötzlich mächtigen und reichen Nachbarstaat Transvaal, der Swaziland annektieren wollte, um sich seiner *assets* zu bedienen und um sich einen Zugang zum Meer durch Swaziland hindurch zu erschließen. Wie kam es also dazu, dass ausgerechnet die Briten im Jahre 1902 Swaziland bekamen? Hatte Großbritannien Swaziland erobert und diese Eroberung systematisch vorbereitet? Diesen Fragen soll die vorliegende Arbeit nachgehen, sowie sie einer völkerrechtlichen Beurteilung im historischen Sinne unterziehen.

Um die historischen Prozesse, die in den Jahren 1880 bis 1902 in Swaziland vor sich gingen, einordnen zu können, erlaube ich mir (als Philologin) den Exkurs in die Jurisprudenz. Mir ist sehr bewusst, dass ich mich hier in Bereichen des Völkerrechts oder *International Law*, des deutschen, britischen Privatrechts und des *Roman-Dutch Law* bewege, und dies zudem noch im 19. Jahrhundert, also vor der Zeit der Vereinten Nationen. Erschwerend kommt hinzu, dass als einzige völkerrechtliche Grundlage, die ich unmittelbar heranziehen kann, die so genannte Kongo-Akte, die Schlussakte der Berliner Konferenz vom 26. Februar 1885, für eine völkerrechtliche Betrachtung Swazilands nicht sonderlich dienlich ist. Die Kongo-Akte regelte die Besitzergreifung an den afrikanischen Küsten, die zwar 1885 größtenteils schon unter den Europäern aufgeteilt war, und dennoch, Swaziland gehörte ganz sicher nicht zur "afrikanischen Küste". Ich fahre trotzdem fort mit einer völkerrechtlichen Betrachtung und orientiere mich zunächst an einem deutschsprachigen Autor, Jörg Fisch[4], der die Auffassung vertritt, dass sich im Völkerrecht des 19. Jahrhunderts in Afrika bei Gebietsfragen zwischen den Kolonialmächten die Doktrin der herrenlosen Souveränität durchgesetzt hatte[5]. Dieser Doktrin lag die folgende Überlegung zugrunde, dass die afrikanischen "unzivilisierten" Stämme gar keine Völkerrechtssubjekte seien, da sie keinen Begriff von europäischer Souveränität hatten. Die Kongo-Akte schaffte mit

4 Jörg Fisch, Die europäische Expansion und das Völkerrecht, Wiesbaden: Steiner, 1984

5 Ibid., S. 427

dem Konzept der Okkupation die rechtlichen Kriterien für den legitimen Gebietserwerb in Afrika. Die beiden Kriterien waren Notifikation und Effektivität.

> **Kapitel VI.**
>
> **Erklärung, betreffend die wesentlichen Bedingungen, welche zu erfüllen sind, damit neue Besitzergreifungen an den Küsten des afrikanischen Festlandes als effektive betrachtet werden.**
>
> Artikel 34.
> Diejenige Macht, welche in Zukunft von einem Gebiete an der Küste des afrikanischen Festlandes, welches außerhalb ihrer gegenwärtigen Besitzungen liegt, Besitz ergreift, oder welche, bisher ohne dergleichen Besitzungen, solche erwerben sollte, desgleichen auch die Macht, welche dort eine Schutzherrschaft übernimmt, wird den betreffenden Akt mit einer an die übrigen Signatarmächte der gegenwärtigen Akte gerichteten Anzeige begleiten, um dieselben in den Stand zu setzen, gegebenenfalls ihre Reklamationen geltend zu machen.
>
> Artikel 35.
> Die Signatarmächte der gegenwärtigen Akte anerkennen die Verpflichtung, in den von ihnen an den Küsten des afrikanischen Kontinents besetzten Gebieten das Vorhandensein einer Obrigkeit zu sichern, welche hinreicht, um erworbene Rechte und, gegebenenfalls, die Handels- und Durchgangsfreiheit unter den Bedingungen, welche für letztere vereinbart worden, zu schützen.[6]

Die Okkupationsbestimmungen der Kongo-Akte entstammten dem römischen Privatrecht, das die Besitzergreifung herrenloser Gegenstände regelte. Die damalige Rechtsanschauung verschleierte mit der Okkupationsbestimmung, dass bei der Okkupation von bewohntem Gebiet über die Menschen dort als Sachen verfügt wurde. Die Frage der Souveränitätsrechte der Afrikaner hatte die Kongo-Akte bewusst ignoriert. Sie wollte lediglich das Verhältnis der Europäer untereinander lösen, nicht das zwischen dem Europäer und dem Afrikaner. Fisch drückt dies folgendermaßen aus:

> Die völkerrechtliche Okkupation ist also nur solange unproblematisch, als das zu okkupierende Gebiet unbewohnt ist. Sobald es bewohnt ist, wird über Menschen als Sachen verfügt. Diese Tatsache wird durch die Verwendung des Okkupationsbegriffs gerade verdeckt. Dies wird deutlich in der Begründung, die im 19. Jahrhundert immer wieder für die Berechtigung der Okkupation staats- bzw. souveränitätslosen Gebiets gegeben wird: da die betreffenden Rechte nicht ausgeübt

6 s. Reichstag Aktenstück Nr.290, Nr.44 General-Akte der Berliner Konferenz (26. Februar 1885)

> werden, können sie okkupiert werden, ohne dass dadurch jemand Schaden leidet; niemandem wird etwas weggenommen.[7]

Der Okkupationsakt war somit ein einseitiger Akt. Rechtsgrund, auch nach Auffassung des Engländers Westlake, war die fehlende Souveränität des jeweiligen afrikanischen Stammes. Die Engländer, die zu den Signatarmächten der Kongo-Akte gehörten, hatten den Vorschlag eingebracht, dass die in Artikel 35 geforderte Effektivität, das so genannte Vorhandensein einer Obrigkeit nur bei der Okkupation und nicht bei einem Protektorat gefordert würde. Dies war besonders für die Briten ein wichtiger Aspekt, da das Vorhandensein einer Obrigkeit die Briten viel Geld kostete und künftig gekostet hätte. Daher suchten sie, ab circa 1885, Alternativen zu Okkupation und Kolonie, und fanden sie in Form von Protektorat, Chartered Company, mittels so genannter *third party treaties* oder *conventions* und *jurisdictional capitulations.* Damit war zwar den wirtschaftlichen Interessen Rechnung getragen, nun aber stellte sich ein neues, juristisches Problem. Nimmt man als Beispiel den Protektoratsvertrag, dieser hätte vorausgesetzt, da es ein bilateraler Vertrag war, dass beide Vertragsparteien Völkerrechtssubjekte, bzw. souveräne Staaten waren, damit der Unterstaat überhaupt in der Lage hätte sein können, seine externe Souveränität an den Oberstaat abzutreten. Denn, wie hätte denn der Stamm der Swazis, der ja als nicht-souverän erachtet wurde, seine Gebiete, die im Sinne des Völkerrechts herrenlos waren, als terra nullius erachtet wurden, seine externe Souveränität an souveräne Staaten wie die Briten oder die S.A.R. abtreten können? Castellino und Allen[8] argumentierten, die Europäer hätten den Afrikanern lediglich kurz vor der Zession ihre territoriale Souveränität zuerkannt:

> Nevertheless, the colonization of Africa was only superficially cloaked in an aura of legality – perhaps more to reflect synergy with ever-growing norms of democracy at home than in compliance with international legal thought and philosophy. Thus while the positivist school proved a useful source for justification, it was more convincing to treat African entities as if they possessed legal personality in

[7] Jörg Fisch, Die europäische Expansion und das Völkerrecht, Wiesbaden: Steiner, 1984, S. 301

[8] Joshua Castellino, Steve Allen, *Title to Territory in International Law,* Aldershot: Ashgate, 2003

> international law. It is therefore arguable that international society recognized the territorial sovereignty of African entities but only for the limited purpose of being able to transfer it to the European powers.[9]

Die klassische britische *Doctrine of Territoriality* besagte, dass besiedeltes Land nur mittels Zessionsvertrag abgetreten werden konnte, und somit die Einwohner des Landes *personality under international law* haben mussten. Das Problem, wie die Afrikaner juristisch zu behandeln waren, zeigte sich auch bei einem Vorschlag der USA auf der Berliner Kongo-Konferenz. Der amerikanische Gesandte schlug vor: "a principle looking to the voluntary consent of the natives of whose country possession is taken (by Treaty) in all cases when they may not have provoked an act of aggression". In die Schlussakte ist der amerikanische Vorschlag nicht eingegangen, dies könnte eventuell erklären, weshalb die USA den Vertrag nicht ratifizierten. Dennoch, auch wenn angenommen würde, dass die Afrikaner keine, oder nur teilweise bzw. vorübergehende Souveränität von Seiten der Europäer zuerkannt bekamen, so wäre trotzdem zu prüfen, ob nicht eventuell mittels Vertrag dieses Recht an die Afrikaner hätte übergehen können. Mögliche Verträge im Falle der Swazis wären die Pretoria (1881) und die London (1884) Conventions.

Abschließend, um der Komplexität dieses Themas Rechenschaft zu tragen, soll noch einmal Jörg Fisch zitiert werden, womit ich zum eigentlichen Thema dieser Arbeit zurückkomme: Eroberte Großbritannien Swaziland?

> Die nicht voll souveränen Staatswesen übten einerseits Souveränitätsrechte aus, andererseits waren sie nicht souverän. Also konnte man mit ihnen einerseits im Bereich der durch sie ausgeübten Souveränitätsrechte in Materien verkehren, die normalerweise Gegenstand völkerrechtlicher Beziehungen waren, z.B. Krieg, Frieden, Status von Ausländern, Gebietsabtretungen. Andererseits war eigentlicher Völkerrechtsverkehr nicht möglich, da die betreffenden Staatswesen nicht als Völkerrechtssubjekte galten. D.h. die Teilsouveränität konnte jederzeit auf Berufung auf die fehlende Gesamtsouveränität in Frage gestellt werden. Selbst wenn dies nicht erfolgte, entstanden neue Schwierigkeiten. Wurde akzeptiert, dass in den Punkten, in denen die Gegenseite Souveränitätsrechte ausübte, Vertragsverkehr möglich war (wobei zunächst gleichgültig ist, ob dieser als völker-

[9] Joshua Castellino, Steve Allen, *Title to Territory in International Law,* Aldershot: Ashgate, 2003, S. 98-99

rechtlich definiert wurde oder nicht), dann musste sich trotz aller Theorien über fehlende Gesamtsouveränität schnell herausstellen, dass jene Souveränitätsrechte gerade die entscheidenden waren, nämlich die Unabhängigkeit nach außen, das Recht über Krieg und Frieden und zu Bündnissen, die Verfügungsgewalt über das Gebiet. Ließ man sich darauf ein, dann war keine Okkupation mehr möglich, sondern nur noch Zession, oder aber die angebliche Okkupation wurde in Wahrheit zum Vertragsbruch oder zur Eroberung.[10]

[10] Jörg Fisch, Die europäische Expansion und das Völkerrecht, Wiesbaden: Steiner, 1984, S. 334

B Swaziland in den 1880er Jahren

B.1 Die Invasion der Weißen: Gold

Gold wurde am Witwatersrand gefunden: Carel Kruger entdeckte im Jahre 1834 zufällig bei einer Jagdexpedition nördlich des Vaal Flusses Gold am *White Waters Ridge.* Innerhalb eines halben Jahrhunderts wurde Transvaal das Zentrum der Goldsucher, der Goldgräber, der Minenarbeiter und der Glücksritter. Seit dem Jahr 1886 wird in den Goldminen am Witwatersrand Gold gefördert. Etwa zeitgleich wurden die Goldfelder Lydenburgs erschlossen, sowie die Sheba Mine in Barberton. Schon lange war Afrika bekannt für seine Goldvorkommen, die insbesondere die portugiesischen Seefahrer und die Araber anzogen, doch Hauptauslöser für die Goldsuche waren unter anderem Karl Mauchs Berichte über Gold in Mashonaland und am Olifants River im Transvaal, sowie zahlreiche Berichte von Missionaren, Jägern und Forschern. Die älteste Goldmine im südlichen Afrika, Tati, liegt auf dem Territorium Bechuanalands, dem heutigen Botswana. Im Jahr 1880 erneuerte die *London and Limpopo Company* ihre Goldkonzession, die sie bereits im Jahre 1869 von König Lobengula erhalten hatte. Die Bodenschätze, Gold und Diamanten, aber auch Silber, Kupfer, Zinn, Blei und Zink, sowie die zur Förderung benötigte Kohle, ließen Afrika ab der zweiten Hälfte des 19. Jahrhunderts zu einem begehrten Rohstofflieferanten für die Europäer werden: "The modern economic history of Africa dates from the mineral discoveries in the southern portion of the continent."[11] Da die Goldförderung sehr kapitalintensiv war, setzten die großen Diamantenförderer zunächst ihre Profite aus dem Diamantengeschäft zur Goldgewinnung ein. Ab 1887 floss bereits internationales Kapital für die Goldgewinnung nach Südafrika:

> The first Company registered in England with the purpose of bringing the Rand gold-fields to the attention of the investing public in Great Britain was launched by C.D. Rudd and C.J. Rhodes in 1887.[12]

[11] Dr. Frankel, In: Lord Hailey, S. 1484

[12] Ibid., S. 1490

Der eigentliche Goldrausch setzte 1889 ein, und bereits vier Jahre später, 1893, war die Blase geplatzt: weit über die Hälfte aller *gold-mining companies* war bankrott und die verbleibenden in den Händen zahlungskräftiger, internationaler Investoren. Dennoch nahm die Goldproduktion stetig zu.

Schnell wurde herausgefunden, dass das Gold, das zu Anfang gefunden wurde, von einer Goldader kam, die sich von der Oberfläche am Witwatersrand bis zum *Vaal river* erstreckte. Aufgrund unmittelbarer geografischer Nähe Swazilands zum Transvaal – das goldhaltige Felsenriff Barbertons erstreckt sich bis in den Nordwesten Swazilands – schwappte die Goldrauschwelle nach Swaziland über.

Dort entwickelten sich seit dem Jahr 1884 die *Swazieland Gold Fields* auf einem Gebiet von zunächst 1,500 *square miles,* im Rahmen von zwei Konzessionen, die Tom McLachlan von König Mbandzeni zur Goldsuche und -förderung erhalten hatte. 1882 hatte König Mbandzeni die ersten Schürfrechte, die *mineral rights,* vergeben. Die ersten, die diese erhalten sollten, waren zwei Briten, Thomas Mac Lachlan und Walter Carter. Im Jahr 1884 fand William Pigg am Pigg's Peak Gold und ein gewisser Dr. Somershield trug dazu bei, die Öffentlichkeit glauben zu lassen, es handle sich hierbei um einen *mountain of gold*[13]. Im November 1884 fand Alexander Forbes Gold am Komatie Fluss und so fingen auch David und James Forbes senior an, in Swaziland nach Gold zu suchen. Die Forbesfamilie verbreitete den Mythos Gold in Swaziland:

> We find gold in all the spruits of the country. We have not prospected the country at all properly, and only dropped on this by chance. On the slopes of Ingwenia Hill we find traces of old workings. In some places we find trenches running across at right angles with the spruits. In cutting into these trenches we find that a leader generally stops in them, and above we find that the reef is generally poor, and would not account for the very good alluvial we find under the trenches. In the trenches we find also clay nozzles, such as Kafirs have on their bellows and such as would be used for smelting, but no iron ore about, so that Kafirs did not

[13] E.P. Mathers, Golden South Africa, 1888, S. 60

> use them evidently. My opinion is that the workings might be those of the ancient Portuguese.[14]

Bereits im Jahre 1885 wurden die ersten Goldfirmen gegründet, die Forbes' Reef Mining Company und die Pigg's Peak Gold Mining Company. Pigg's Peak Co., ausgestattet mit einem Kapital von 200.000 Pfund, bot ihren *prospectors* im Jahr 1888 ein Monatsgehalt von 10 Pfund sowie ein Zehntel Anteil an allen Goldfunden. Die Forbes' Reef Mining Company war eine englische Firma mit einem Kapital von 100.000 Pfund, an der James und David Forbes, sowie Charles J. Swears die größten Anteilseigner waren. [zu den *concessionnaires*, siehe Kapitel C2]

Der vermeintliche Ruf Swazilands, sein gesamter Boden sei goldhaltig, ließ schlagartig nach den ersten Goldfunden die Goldsucher ins Land strömen. König Mbandzeni, der bereits Konzessionen an McLachlan, Carter und die Forbesfamilie vergeben hatte, vergab innerhalb kürzester Zeit *mineral concessions* über den "Rest" seines Landes an ungefähr vierzig weitere Konzessionäre. Lediglich ein kleiner Teil seines Landes sollte unangetastet bleiben:

> Umbandine has conceded away the mineral rights over all Swazieland, and the concessions number about forty. The only part of his country which the King has kept guarded from the inroads of the prospector is that surrounding his kraal for a few miles, where Inkosine, the royal burial ground, and Mdimbi, the sacred mountain, are situated.[15]

Vom Forbes Reef war lediglich das *Main Reef* mit zunächst 100oz pro Woche (im Jahr 1886), später dann mit 2.000oz Gold pro Monat das ergiebigste. Insgesamt betrug die Produktion des *Main Reefs* von 1884 bis 1935 31.037,57oz, was verschwindend gering war im Vergleich zur Produktion des Transvaals. Auch keine andere Mine am Forbes' Reef war effektiv, zudem befand sich die nächste Eisenbahnlinie in Biggersberg in Natal, was die *machinery* für den Goldabbau extrem verteuerte. Die Boomphase der Goldgräber am Forbes' Reef war zwischen 1886 und 1888, 30 weitere *reefs* (Goldadern) wurden dort in einem 5 Kilometerradius ausgemacht, sowie 10

[14] E.P. Mathers, Golden South Africa, 1888, S. 61

[15] Ibid., S. 219

Minen insgesamt dort betrieben. 1897 endete die erste Phase der Goldminen in Swaziland.

B.2 Versuche der Buren die Kontrolle über Swaziland zu erlangen

Die kriegerische Auseinandersetzung zwischen Briten und den Buren Transvaals 1880/1 ging mit der Schlacht von Majuba Hills im Februar 1881 zugunsten der Buren aus. Erst 1877 hatte Sir Theophilus Shepstone für Großbritannien die britische Flagge im Transvaal gehisst, schon musste sie 1881 wieder eingezogen werden. Transvaal war nun wieder in der Hand der Buren, und im Vertrag von Pretoria (1881) mussten die Briten die Unabhängigkeit der Südafrikanischen Republik anerkennen.

Der direkte Nachbarstaat zu Swaziland, Transvaal, war also bis auf das Intermezzo von 1877 bis 1881 stets ein Burenstaat. In den späten 70er Jahren unterstützte Sir Theophilus Shepstone eine Art Lagerbildung im östlichen Südafrika zwischen Zulus und Natal einerseits, Swazis und Transvaal andererseits, die mit dem Zulukrieg 1879 ihr Ende fand. Zululand wurde Natal zugeschlagen, Swaziland sollte vorerst abhängig bleiben vom politischen Schicksal Transvaals. 1881 und 1884 garantierten dann bilaterale Verträge zwischen Großbritannien und Transvaal Swaziland die Unabhängigkeit. [siehe B4 Conventions]

Noch im Jahr 1875, nach der Krönung Königs Mbandzenis, schlossen Buren und Swazis einen Vertrag über gegenseitigen militärischen Beistand und Schutz, der darüber hinaus den Swazis ihre Unabhängigkeit, sowie den Buren in Swaziland Freiheit und Sicherheit gewährleisten sollte. Erst mit dem Jahr 1879 regte sich in Swaziland eine Initiative gegen die Buren und für die Briten, die Swaziland eine gewisse Autonomie sichern und sie vor etwaigen Besitzansprüchen der Buren bewahren sollten. Die wechselnden Herrschaftsverhältnisse im Transvaal schienen dazu sehr günstig zu sein. Als im Jahr 1879 die Swazis den Briten halfen die Bapedis zu besiegen, gewannen sie zum einen die Sympathie der Briten, zum anderen Sir Garnet Wolseleys[16] Wort, dass Swaziland unabhängig bleiben sollte.

> Ever afterwards Swazi rulers were to claim repeatedly that Britain had then under taken to protect Swaziland and to guarantee to the Swazi the independence and territorial integrity of their country. This claim, as we shall see, was vigourously denied by successive High Commissioners, especially by Sir Hercules Robinson (1881-1889).[17]

Mit dem Rückzug der Briten aus dem Transvaal im Jahr 1881 folgte ein bedeutsames Abkühlen des Verhältnisses zwischen Briten und Swazis. Dies ließ König Mbandzeni sein Verhältnis zu den Buren revidieren und mündete in eine Flut von *land grants* an die Buren.

Die Convention of Pretoria (1881) sowie die Convention of London (1884), die unter B4 noch genauer erläutert werden sollen, setzten zum einen die Grenze zwischen Swaziland und Transvaal fest, und regelten zum anderen die Unabhängigkeit Swazilands, ferner untersagte sie den Buren Übergriffe in Swazi-Gebiete. Doch die Buren Transvaals der 1880er Jahre, gestärkt durch ihren neuen Präsidenten Paul Kruger[18], durch die Wiedererlangung der Buren- und Trekkerrepublik Transvaal, strotzten vor neuem Selbstvertrauen. Auch andernorts, im Oranje Freistaat, aber besonders am Kap, regte sich ein Afrikaner Nationalismus, der sich unter anderem im Afrikaner Bond Jan Hofmeyrs manifestierte. Das Pendant dazu im Transvaal war der *Krugerism.* Kruger, der 1880 55 Jahre alt war, wurde schon früh von den Briten als der *possible regenerator of the Transvaal* gesehen.[19]

> Ambitious, fiercely anti-British – though controlled in his anger – populist and popular, a socially and theologically deeply conservative "Dopper" Boer Calvinist, Kruger was peculiarly suited to lead the highveld Afrikaners in their hour of need. He had actually walked the Great Trek as a boy, and imbibed a powerful

[16] Sir Garnet Joseph Wolseley(1833-1913) war zu dieser Zeit der Gouverneur von Natal und Transvaal

[17] Francis J. Mashasha, The Road to Colonialism: Concessions and the Collapse of Swazi Independence, 1875-1926, Thesis (D.Phil.), University of Oxford, 1977, S. xi-xii

[18] Paul Kruger (1825-1904) wurde am 9. Mai 1883 Präsident der Südafrikanischen Republik. Seit 1880 war er Vizepräsident und einer der führenden Persönlichkeiten des *Triumvirate*

[19] Frere, In: Deryck Marshall Schreuder, The Scramble for Southern Africa, 1877-1895, Cambridge: Cambridge University Press, 1980, S. 84

> early passion against British rule and culture; he had political experience in the Transvaal "civil wars" of the 1860s; he had military skills, developed in long Commando campaigns against African groups; he had unwillingly acquiesced in the British annexation of 1877, and he had led the protests against it in deputations to London and Cape Town; and his leadership of the Boers had the double strengths of popularity, based on sentiment, and authority, resting on his frontier-war experiences.[20]

Jetzt stellte er zusammen mit dem Zar, mit Bismarck, Parnell und dem Mahdi die größte Bedrohung für die viktorianische Gesellschaft und die Regierung Gladstones dar. Seit 1884 bildeten die Buren zusammen mit Bismarckdeutschland ein Gegengewicht zu den Briten auf der *balance of power* im südlichen Afrika. Zum einen hatten sich die Deutschen an der Südwestküste Afrikas niedergelassen, zum anderen erworben sie Konzessionen im Zululand im Südosten. Eine deutschfreundliche Tendenz machte sich unter den Afrikanern breit, Bismarck sprach 1884 bei Krugers Besuch in Berlin von einer *everlasting friendship.* Zunächst sollten die Swazis nichts von der Transvaal Regierung unter Paul Kruger zu fürchten haben, jedoch bildete sich unter der Führung des Vizepräsidenten Transvaals, P.J. Joubert[21] eine *frontier-expansionist group* im Transvaal, die die Grenzen Transvaals gen Zululand und Bechuanaland ausdehnen wollte. Neuen Auftrieb für das *boer* Selbstbewusstsein sowie neue politische und ökonomische Macht, das fragile Gleichgewicht im südlichen Afrika zu stören, gab den Transvaalburen das Witwatersrandgold. 1886 und die Folgejahre statteten Kruger mit Macht aus, die selbst die Kapkolonie in den Schatten stellte. Ein Viertel der weltweiten Goldreserven wurden im Transvaal vermutet. Spätestens jetzt, in der zweiten Hälfte der 1880er Jahre, war Transvaal das *power-house* des *republicanism, a dramatic new power was given to republican Afrikanerdom.*[22]

Doch das Gold Transvaals brachte nicht nur Segen, es brachte auch Probleme. Gerade die britisch dominierte Kapkolonie versuchte den Transvaal mit-

[20] Deryck Marshall Schreuder, The Scramble for Southern Africa, 1877-1895, Cambridge: Cambridge University Press, 1980, S. 84

[21] General Petrus Jacobus Joubert (1834-1900) war seit 1880 Mitglied des *Triumvirate* und seit 1883 Vizepräsident der Südafrikanischen Republik

[22] Deryck Marshall Schreuder, op.cit., S. 181

tels Eisenbahntarifen und Zöllen zu behindern, ließ somit den Transvaal seine *landlocked* Situation empfindlich spüren. Für Kruger blieb daher nur ein Ausweg: ein eigener Hafen und eine eigene Eisenbahnlinie, was bedeutete, die Eisenbahnlinie müsste durch Swaziland verlaufen, der Hafen im noch unabhängigen Tongaland liegen. Ferner erforderte der Goldabbau neben Fachwissen, ausländischem, investitionsfreudigem Kapital eine große *labour force*, die nur durch *cheap migrant labour* der *natives,* der Schwarzen, aufgebracht werden konnte. Zwangsläufig richtete Transvaal auch da sein Augenmerk auf die Swazis.

B.3 Die Haltung der Briten zur *Swaziland Question*

Wir gehen zunächst zurück ins Jahr 1877, als in England noch die Konservativen unter Disraeli an der Regierung waren: am 4. Januar 1877 ritt Sir Theophilus Shepstone als britischer Gesandter, zusammen mit 25 berittenen Natalpolizisten und einem Vertreter der Standard Bank über die Grenze Transvaals und etablierte sich in Pretoria. Seine Truppen ließ er in Natal zurück. Präsident Burgers und der Volksraad standen der nun folgenden *sherry and champagne policy* Shepstones tatenlos gegenüber, so wie sie die Annektierung Transvaals am 12. April 1877 geschehen ließen. Dieser Anschluss Transvaals ans britische Empire war Bestandteil des britischen Föderationsplans. Für Shepstone war die Annektierung Transvaals Bestandteil seiner Vision eines neugeordneten östlichen Südafrikas, *in which his concepts of governement, development and empire could be implemented*[23]. Neben dem vom viktorianischen England ausgehenden *Imperial Factor* entwickelten sich vom südlichen Afrika aus subimperialistische Strömungen wie der *Cape Colonialism* und der *Natal Expansionism.* Auf der Burenseite entwickelte sich der *Afrikaner republicanism,* wie bereits unter B2 erwähnt. Der Expansionismus der Briten, fand auch durch den neu ernannten High Commissioner, Sir Bartle Frere[24], Unterstützung, der befand, dass *it will be found neces-*

[23] Deryck Marshall Schreuder, The Scramble for Southern Africa, 1877-1895, Cambridge: Cambridge University Press, 1980, S. 74

[24] Sir Henry Bartle Frere (1815-1884), High Commissioner for Southern Africa im Jahre 1877

sary, sooner or later, to extend the British Protectorate ...over all the tribes[25]. Zunächst einmal, mussten die Briten die "Angelegenheiten" mit den *native tribes,* insbesondere den Zulus regeln: am 11. Januar 1879 begann der Angriff auf die Zulus, der Anglo-Zulu oder Zulu War. Doch es sollten nicht nur die Zulus und andere *chiefdoms* den Briten Probleme bereiten, ihre expansionistische Südostafrika-Politik zu verfolgen, mit dem Jahr 1879 und dem Ablösen Präsident Burgers durch Paul Kruger sollte auch von den Buren Widerstand ausgehen: 1880 erfolgte der Aufstand der Buren im Transvaal, mit dem Ziel, die britische Oberhoheit wieder abzuschütteln.

Mit dem Jahr 1880, dem Anfangsjahr unserer Betrachtung änderte sich jedoch Wesentliches: Benjamin Disraeli trat sein Amt im April 1880 an Gladstone[26] ab, der sich sogleich mit dem Aufstand der Afrikaner auseinanderzusetzen hatte. Unter den Transvaalburen, den Buren des Oranje Freistaats und den Kapafrikanern bestand plötzlich eine *new unity*, von ihnen ging *the power of the Afrikaner* aus, die die britische Interessensausweitung im südlichen Afrika erheblich behindern würde.

Darüber hinaus stellten sich die Auswirkungen des Berliner Kongresses ein, insbesondere in Form einer deutschen Interessensausweitung im südlichen Afrika. Bismarckdeutschland gründete an der Südwestküste bei Angra Pequena 1884 eine deutsche Kolonie, und die Briten fürchteten plötzlich nicht nur eine potentielle deutsch-burische Allianz, sondern sahen sich politisch wie ökonomisch durch die Deutschen im südlichen Afrika bedrängt. Für die Regierung Gladstone war 1880 das Krisenjahr schlechthin, auch wegen der Krisen in Ägypten und Afghanistan. Zugleich war es für die Briten das Ende ihrer Föderationspolitik im südlichen Afrika. Ab sofort sollte sich Großbritannien aus der Politik Afrikas raushalten: Home Rule für die einzelnen Kolonien war die Haltung der Gladstone Regierung.

---

[25] Frere to Hicks-Beach, In: Deryck Marshall Schreuder, The Scramble for Southern Africa, 1877-1895, Cambridge: Cambridge University Press, 1980, S. 75

[26] William Ewart Gladstone (1809-1898), Britischer Premierminister von 1868-1874, 1880-1885, 1886, und 1892 bis 1894

Für Swaziland vereinbarten die Briten mit der Regierung Transvaals 1881 und erneut 1884 die Anerkennung der Unabhängigkeit Swazilands, darüber hinaus untersagten sie den Buren territoriale Ausdehnung in swazi Gebiete und forderten Anerkennung der festgelegten Swaziland-Transvaal Grenze. Nach der *Convention of London* (1884) verfiel die britische Regierung gegenüber Swaziland in eine *laisser faire* Politik, in eine Politik des *doing nothing* oder *policy of neglect.* Gewissermaßen passte die Politik, die Großbritannien für Swaziland in den frühen 80er Jahren anwandte in den Rahmen der *gladstonian* Südafrikapolitik, jedoch sprach gegen sie die moralische Verpflichtung, die Großbritannien gegenüber Swaziland gehabt haben sollte: die der Dankbarkeit für die Unterstützung gegen die Zulus und Bapedis:

> There was a suppressed but nevertheless detectable feeling of "guilt" in the Colonial Office – a feeling that the Swazi deserved well of Great Britain as former allies in the Zulu and Pedi campains of 1879 and 1879/80 respectively. [27]

Zunächst sollte auch der Regierungswechsel in London, Gladstone wurde im Juli 1885 durch Lord Salisbury[28] abgelöst, die Haltung der britischen Regierung zur Swaziland Frage nicht ändern:

> British policy towards Swaziland was characterized by a cautious reluctance either to exclude Transvaal expansion or to assume a protectorate, or in any way to become more directly responsible for the affairs of that country.[29]

Doch hinter der britischen Diplomatie der Salisbury Regierung verbargen sich auch imperialistische strategische Aspekte: es sollte unbedingt vermieden werden, dass sich der Transvaal Swaziland einverleibt, um zum einen zu verhindern, dass Kruger seinen Zugang zum Meer bekommt, zum anderen sollte durch den beiderseitigen "Verzicht" auf Swaziland eine Art freundschaftliche Verständigung nach der Auseinandersetzung von 1880/1 signalisiert werden. Dies formulierte der *Colonial Secretary* Lord Knutsford[30] in

[27] Francis J. Mashasha, The Road to Colonialism: Concessions and the Collapse of Swazi Independence, 1875-1926, Thesis (D.Phil.), University of Oxford, 1977, S. 96

[28] Robert Arthur Talbot Gascoyne-Cecil, 3rd Marquess of Salisbury (1830-1903), Premierminister von 1885-86, 1886-92 und 1895-1902; von 1886-92 auch Außenminister

[29] Francis J. Mashasha, op.cit., S. 95

[30] Henry Thurstan Holland, 1st Viscount Knutsford (1825-1914), von Januar 1887 bis August 1892 Secretary of State for the Colonies

seinem Brief an Premierminister Salisbury im Dezember 1887 folgendermaßen:

> We are bound by the Convention of London...", he wrote, "to secure the independence of the Swazis , and to do this effectively we must (1) take care to keep up our influence with the Swazi King, and not let him think that we take no interest in him, while the Transvaal Govt. are ready to support him; and (2) we must show a willingness to act with the Transvaal Govt. upon any Swazi question, as the peace of S. Africa largely depends upon our working cordially with that Govt."[31]

Diese Haltung repräsentierte die der Regierung in England, im südlichen Afrika jedoch verschaffte sich eine konträre Meinung Gehör: die Sir Hercules Robinsons[32]. Sir Hercules war High Commissioner und Verfechter des Abtretens Swazilands an den Transvaal. Für ihn war die Swazilandfrage nicht nur *the disagreeable kind of animal to pick up ... and therefore best left alone*, sondern, er argumentierte mit den nicht zu rechtfertigenden Kosten, die dem britischen Steuerzahler im Falle einer britischen Annektierung Swazilands entstehen würden:

> In this memorandum [October 1886], Sir Hercules, [...], jettisoned the idea that Britain was under any special obligation to the Swazi such as might require the British Government to assume "at the expense of the British taxpayer, a troublesome and costly control over a country which is not accessible through British territory".[33]

Ferner, argumentierte Sir Hercules, würden die Buren viel eher den britischen Konföderationsplänen geneigt sein, ließen die Briten sie Swaziland annektieren: *[it] would pave the way for the ultimate establishment of a federal dominion of South Africa under the British flag.*[34] Da aber keine Notwendigkeit bestand, eine Entscheidung in Sachen Swaziland herbeizuführen, sollte Großbritannien bis zur ersten Swaziland Convention von 1890

[31] Salisbury Papers, In: Francis J. Mashasha, The Road to Colonialism: Concessions and the Collapse of Swazi Independence, 1875-1926, Thesis (D.Phil.), University of Oxford, 1977, S. 95

[32] Hercules George Robinson, 1st Baron Rosmead (1824-1897), von 1881- 1889 und 1895-97 High Commissioner for South Africa

[33] Francis J. Mashasha, op.cit., S. 97

[34] Ibid., S. 98

nach Mbandzenis Tod (1889) seine Politik des laisser faire gegenüber Swaziland fortführen.

B.4 Die Conventions

Die Pretoria Convention von 1881 und auch die London Convention von 1884 waren Ergebnisse der kriegerischen Auseinandersetzung von 1880/1 zwischen Transvaalburen und Briten. Sie sollten ein gemeinsames britisch-burisches Regelwerk für die zukünftige Südafrikanische Republik darstellen. Die *Convention of Pretoria* legte die Grenzen Transvaals auf allen Seiten fest, wobei die Ostgrenze Transvaals die Westgrenze Swazilands markierte. Ferner gewährte die *Convention* Transvaal Unabhängigkeit, jedoch als *subject to the suzerainty of Her Majesty*[35]. Die Pretoria Convention wurde am 3. August 1881 vom High Commissioner, Sir Hercules Robinson, und Evelyn Wood in seiner Funktion als *Officer administering the Government*, sowie dem *triumvirate* S.J.P. Kruger, M.W. Pretorius und P.J. Joubert unterzeichnet. Sie gewährte Swaziland Unabhängigkeit innerhalb seiner Grenzen. Artikel XXIX der Convention besagt:

> The independence of the Swazis, within their boundary line of Swaziland, as indicated in the first article of this Convention, will be fully recognized. [Convention of Pretoria (1881)]Schon ein Jahr nach Abschluss der Pretoria Convention stellten die Briten fest, dass sich die Buren nicht an den Vertrag hielten, sondern nach allen Himmelsrichtungen, auch gen Osten Richtung Swaziland expandierten. Zwar hielt sich Kruger an die Convention, aber er verhinderte nicht, dass die *frontier-expansionist group* unter P.J. Joubert sich nicht an Artikel XXII der Convention hielt, der festlegte:
>
> After the boundaries of any location have been fixed no fresh grant of land within such location will be made, nor will the boundaries be altered without the consent of the Location Commission. [Convention of Pretoria (1881)]

Dies machte eine zweite Convention nötig. Die London Convention von 1884 bestätigte noch einmal die Unabhängigkeit Swazilands. Sie erlegte der S.A.R. auf, sich an ihre Grenzen zu halten, sowie Übergriffe auf Territorium

[35] Arold Napier Boyce, The Swaziland Concessions and their Political Consequences, 1876-1908, Dissertation (M.A.), University of South Africa, 1946, S. 6

jenseits der Grenzen zu vermeiden. Artikel II der *Convention* besagt Folgendes:

> II. The Government of the South African Republic will strictly adhere to the boundaries defined in the first article of the Convention, and will do its utmost to prevent any of its inhabitants from making any encroachments upon lands beyond the said boundaries. [..] The Government of the South African Republic will appoint Commissioners upon the eastern and western borders whose duty it will be strictly to guard against irregularities and all trespassing over the boundaries. Her Majesty's Government will, if necessary, appoint Commissioners in the native territories outside the eastern and western borders of the South African Republic to maintain order and prevent encroachments. [Convention of London (1884)]

Verträge mit den *native tribes* könnten geschlossen werden, jedoch nur mit dem Einverständnis der britischen Regierung.

> IV. The South African Republic will conclude no treaty or engagement with any State or nation other than the Orange Free State, nor with any native tribe to the eastward or westward of the Republic until the same has been approved by Her Majesty the Queen. [Convention of London (1884)]

Dafür sollte Transvaal die Home Rule bekommen und sich ab sofort *South African Republic* nennen dürfen. Die Unabhängigkeit Swazilands wurde noch einmal, per Artikel 12 der Convention, bestätigt.

> XII. The independence of the Swazies, within the boundary line of Swaziland, as indicated in the first article of this Convention, will be fully recognised. [Convention of London (1884)]

Die London Convention wurde am 27. Februar 1884 von Sir Hercules Robinson, S.J.P. Kruger, S.J. du Toit und N.J. Smit unterzeichnet.

B.5 Unabhängigkeit: Swaziland den Swazis

Die Swazis mussten sich schon lange gegen andere Völker behaupten, und so reihten sich die Buren und Briten im 19. Jahrhundert nach den Zulus und Bapedis in die Kette der Bedrohungen für die Swazis ein. Der Unterschied in der Bedrohung lag für die Swazis darin, dass sie nicht kriegerisch von den Buren und Briten angegriffen wurden, worauf sie mit ihren tüchtigen *impis* hätten reagieren können, sondern die Bedrohung kam "als Wolf im Schafspelz", und wurde von den Swazis anfangs gar nicht als Gefahr erkannt. Der von den Swazis verehrte König Sobhuza I (1815-1836) lehrte das Volk schon damals, als die ersten weißen Missionare in sein Land kamen, nehmt die Bibel aber nicht ihr Geld.[36] Mit dem in sicherlich bester Absicht in das Land eindringenden weißen Missionar wurde den Swazis jedwede Furcht vor dem weißen Manne genommen, im Falle Swazilands folgten auf die Missionare die ebenfalls "harmlosen" Viehbauern aus dem benachbarten Transvaal, bis dann ab der Mitte der 1880er Jahre der große Einwanderungsstrom einsetzte. Dieser wollte Konzessionen, gab im Gegenzug Geld dafür. Dieses nahm nicht nur König Mbandzeni gerne an, sondern auch sein gesamtes *council* der indunas. Der König war aber nicht dumm, er ließ sich nicht von Geld und Gold blenden, auch wenn er gerne so zitiert wird:

> You concessionaires are getting rich and take wealth out of my country, and I don't see why I should not be able to do the same...Why shall be not eat before we die?
>
> We are surrounded on the South by the British, on the West by the Mabuna [Boers] and on the East by the Portuguese. Why shall we not eat before we die?[37]

Noch weniger war er ein "Säufer", dem sein Freund John Thorburn, der Tavernenbesitzer, jede Konzession entlocken konnte. Mbandzeni war schlau, er hielt sich an die Warnung seines Vorfahren Sobhuza, niemals Krieg gegen die Weißen anzufangen, und er erkannte seine eigene unbedeutende Position im Angesicht der Buren und europäischen Großmächte vor seiner Haustür. Ebenso schlau schlug er sich mehr auf die Seite der Briten, als er feststellen musste, wie sich die S.A.R in seinem Land einkaufte, wie die Transvaalburen versuchten, Swaziland politisch und wirtschaftlich einzunehmen. Großbritannien war für ihn der Garant dafür, dass Transvaal sein Land nicht einnehmen konnte. Wie konnte es also passieren, dass er trotz seiner schlauen Außenpolitik die Kontrolle über die Innenpolitik seines Landes verlor?

[36] viel zitiert in jedem swazi Geschichtsbuch: Take the book (umculu) and reject the money (indilinga). Siehe auch Kasenene, S. 44

[37] s. Boyce, S.13 / Mashasha, S. 80 / A.M. Miller, S. 21 et al.

Mit dem einsetzenden *concessions boom* hatte Mbandzeni mehrmals die Briten um britisches Protektorat gebeten. Er konnte und wollte die Weißen, die in großen Mengen in sein Land einfielen, nicht regieren. Auch wäre er bereit gewesen, Offy Shepstone[38] als *British Resident* in Swaziland anzuerkennen. Stattdessen betonten die Briten, Shepstone wäre in keinster Weise ein *British Official* und käme lediglich als persönlicher *adviser to the Swazi nation.* Wo waren die Gründe für die zögerliche Haltung der Briten, den Swazis Hilfestellung zu leisten und ihnen die von Sir Garnet versprochene Dankbarkeit zu verwehren?

[38] Offy Shepstone, Sohn des Sir Theophilus Shepstone

C Die *concessions*

C.1 Konzessionen und Konzessionäre

Konzessionen[39] waren in der Geschichte des afrikanischen Kontinents im 19. Jahrhundert nichts Ungewöhnliches. Die Transvaal Regierung zum Beispiel vergab Konzessionen und Monopole, um sich vor einem drohenden Bankrott zu retten, König Lobengulas Hof in Matabeleland wurde von Konzessionären förmlich eingerannt. Das Ausmaß der Konzessionen jedoch im Falle Swazilands war in ganz Afrika ohne Vergleich. Ein Konzessionär beschrieb die Situation in Swaziland so:

> "A farce enacted in a lunatic asylum" could scarcely have been less founded on reality than the Swaziland concession rush. [40]

Von 1885 bis 1889 wurden ungefähr 400 Konzessionen vergeben, was soviel bedeutete wie *the whole country was concessioned away*[41]. Nicht jeder Konzessionär blieb in Swaziland, auch fanden sich unter den Konzessionären viele Strohmänner, Mittelsmänner, hauptsächlich aus der S.A.R., die für Andere Konzessionen in Swaziland erwarben. Im Jahr 1892 zählte Swaziland 750 europäische *residents,* von denen 450 britischer Nationalität waren.

Doch zunächst einmal ist zu klären, wer die *concessionaires* waren und woher sie kamen. Die *concessionaires*, die in den 80er Jahren nach Swaziland kamen, waren meistens keine Briten aus Großbritannien, sondern britischstämmige Einwohner des südlichen Afrikas, die aus dem benachbarten Transvaal oder Natal kamen. Bestes Beispiel ist Forbes jr., dessen Familiengeschichte auszugsweise in Kapitel C2.3 knapp umrissen wird. Die zweite

---

[39] Konzessionen im völkerrechtlichen Sinne sind Niederlassungs- und Ausbeutungsrechte in einem fremden Staat, bzw. das Gebiet, das für diese Zwecke erteilt ist. Im Verwaltungsrecht versteht man unter einer Konzession die Übertragung gewisser staatlicher Hoheitsrechte an eine Person des Privatrechts, meist in Verbindung mit gewissen Gewerbebefugnissen (Kolonialgesellschaften). Im Wegerecht versteht sich darunter ein öffentlich-rechtliches Benutzungsrecht, meist zum Bau eines Gebäudes oder zum Beispiel zum Verlegen von Schienen.

[40] Colenbrander, In: Francis J. Mashasha, The Road to Colonialism: Concessions and the Collapse of Swazi Independence, 1875-1926, Thesis (D.Phil.), University of Oxford, 1977, S. 74

[41] A.M. Miller, *Swaziland – The California of South Africa,* Mbabane and Johannesburg: Argus Printing and Publishing Company Ltd., 1907, S. 18

große Gruppe der *concessionaires* bilden die Buren, diese meist bereits seit mehreren Generationen *Afrikaner.* Waren die britischen *concessionaires* mehr auf Schürf- und Bodenrechte (*mineral rights)*, Landerwerb und den Erwerb von Konzessionen im Handel erpicht, so beschränkten sich die Buren zunächst auf die *grazing rights.* Seit 1881 war es üblich, dass die Buren des Transvaals im Winter ihre Schafherden zum Grasen nach Swaziland brachten. So waren sie hauptsächlich im Nordwesten und Westen Swazilands über die Wintermonate hin anzutreffen. Zwischen 1881 und 1885 suchten viele Buren des östlichen Transvaals *winter pasturage* in Swaziland, und so gewährte ihnen König Mbandzeni in der westlichen Hälfte Swazilands *grazing rights.* Diese *grazing rights* waren *land grants,* Land, das König Mbandzeni den Buren zur Verfügung stellte, um dort ihre Tiere grasen zu lassen, oder Holz zu schlagen. Der *grant* war eine mündliche Zusicherung des Königs zur Nutzung eines bestimmten Stückchens Land.

Zunächst war ein friedliches Miteinander von Swazis, Briten und Buren möglich, doch die Situation änderte sich mit dem drastischen Zustrom von Einwanderern nach 1885 nach Swaziland. Während König Mbandzeni in den frühen 80er Jahren hauptsächlich Konzessionen für *grazing and farming* vergab, wurden nach 1886 in beträchtlichem Maße *mining and trading* Konzessionen von ihm erteilt. Bei den ersten *concessionaires,* die ins Land kamen, machten die Swazis noch den Versuch, sie als *alien Africans* einzubürgern. Dies wurde aber mit dem großen Zustrom an Einwanderern aufgegeben. Die *immigrants* behielten ihre jeweilige Nationalität. Somit waren sie nach wie vor *subjects* ihrer Regierungen und mussten sich erst ab 1887 der Regierung durch das *White Committee* beugen. Gerade dies führte bei den Buren zum eigentlichen Konflikt, da sie nicht bereit waren, sich dem britisch dominierten Weißen Komitee zu beugen, sondern es statt dessen vorzogen, sich König Mbandzeni zu unterwerfen. Dieser lehnte es jedoch ab und verwies aufs *White Committee.* Erst 1890 sollte mit dem *Triumvirate Government* dieses Problem gelöst werden.

Bis zum Jahr 1889 wurden insgesamt knapp vierhundert Konzessionen gezählt, die, bis auf eine kleine Ausnahme, nämlich der Natal-Swazis, zahlenmäßig fast paritätisch an Buren und Briten vergeben wurden. Die zweite Hälfte der 80er Jahre war die Boomphase der *concessions* in Swaziland, innerhalb kürzester Zeit entwickelte sich der Zustrom nach Swaziland zu einer *concessionaires invasion.* Auch war sie die Zeit der Monopole jeglicher Art: Post, Münzprägung, Lizenzvergabe, Dynamit, Spirituosen, selbst ein Monopol über König Mbandzenis private Einkünfte, die *Private Revenue concession,* wurde vergeben [an J.R. Harington, siehe Kapitel C2.5]. Waren die *mining, trading, grazing* und *farming rights* noch die Konzessionen, die die Swazis halbwegs hinnehmen konnten, so waren die Monopole, die in der zweiten Hälfte der 80er Jahre erteilt wurden, die, mit denen die Swazis schließlich die Kontrolle über ihr Land an die Weißen abgaben. Plötzlich waren sie wirtschaftlich gänzlich abhängig von den Weißen im Land. Insbesondere erwarb die S.A.R. ab 1887 Konzessionen, die im Wesentlichen die *powers of government* darstellten: *customs, licences, railroads, telegraphs, postal and survey services,* sogar des Königs *private revenues.*[42] Für Mbandzeni stellten die Konzessionen eine gute Einkommensquelle dar – allein seine *private revenues concession* brachte ihm 12.000 Pfund im Jahr – für die Nation jedoch wurde jegliche Art von Produktionsmöglichkeit an die Briten und Buren weggegeben.

Bereits 1885 zeichnete sich in Bezug auf die Konzessionen ein Konflikt zwischen Buren und Briten im Land ab. Die Buren beklagten sich beim König, dass er nicht gleichzeitig für ein und dasselbe Stück Land ein *grazing right* und *ein mineral right* vergeben könne. Den Buren missfiel, dass die Briten um nach Gold zu suchen auf "ihrem Land" Löcher gruben, in das ihre Tiere stürzten. Auf dem Weideland der Buren im Nordwesten Swazilands lagen Pigg's Peak und die Forbes' Mine.

[42] s. Alan R. Booth, Swaziland: Tradition and Change in a Southern African Kingdom, Boulder: Westview Press, o.A., S. 12 ff

Der König, der mit beiden Konzessionärsgruppen, den Buren und den Briten, gut auskommen wollte, beide Gruppen aber Unterstützung bei ihren jeweiligen Regierungen suchten um ihre Interessen in Swaziland durchzusetzen, bemühte sich, einen Berater für die Angelegenheiten der Europäer in Swaziland zu finden. Nach erfolglosen Versuchen, einen *resident agent* von der britischen Regierung gestellt zu bekommen, aber mittels finanzieller Unterstützung zweier britischer Goldfirmen in Swaziland, – die Forbes Familie war behilflich –, fand er ihn in der Person Theophilus Shepstone junior, genannt Offy. [siehe Kapitel C2.1] Der Konflikt durch die Konzessionen spitzte sich trotz Offy, (oder besser: gerade durch Offy) weiter zu durch die zunehmend einsetzenden Tausch-, Teilungs- und Abtretungsgeschäfte unter den Konzessionären.

> The British speculators floated companies and syndicates, divided and subdivided, and sold and re-sold their rights in a most confusing manner to the Swazi and all in a way that the King had never intended. [...]
>
> While the industrial and commercial group of concessionaires indulged in mad speculation and the floatation of companies, the grazers, i.e., the Boers too were quietly engaged in a similar process of dividing and sub-dividing, letting and sub-letting and, in some cases, selling of their grazing or farming rights, despite the fact that the King had specifically forbidden this practice.[43]

Kein Konzessionär, der beispielsweise eine Goldkonzession an einem Stückchen Land hielt, konnte noch produktiv werden, eher er nicht die Konzession für Wasser, das *grazing right,* das *mineral right,* das Anbaurecht, das Wegerecht, kurzum alle Rechte an diesem einen Stückchen Land erworben hatte. John Thorburn drückte es folgendermaßen aus:

> You should see some of the concessions. If one chap gets a concession for a mine, you can bet somebody else will get a concession for roads or something else there that will block the miner from doing any work unless he first buys up the other concession at a heavy profit for the vendor.[44]

[43] Francis J. Mashasha, The Road to Colonialism: Concessions and the Collapse of Swazi Independence, 1875-1926, Thesis (D.Phil.), University of Oxford, 1977, S. 83-84

[44] Thorburn, In: Francis J. Mashasha, op.cit., S. 74

Die Konzessionen in Swaziland führten ins Absurde. Letzten Endes stellte der König noch einem Konzessionär eine Konzession aus *to grant concessions.*

C.2 Konzessionäre

C.2.1 Offy Shepstone

Offy Shepstone spielte wohl die wichtigste Rolle in der Geschichte der Weißen in Swaziland. Er war es, der maßgeblich an der Vergabe der Konzessionen in Swaziland beteiligt war. Seine Rolle in Swaziland mit der Ernennung zum Berater des Königs 1886, über die Abwahl und Wiederernennung 1889 bis hin zur endgültigen Entlassung 1894 soll aufs Genaueste betrachtet werden. Theophilus Shepstone junior, genannt Offy, wurde am 19. Juni 1843 in Fort Peddie (Kapkolonie) geboren. Sein Vater war Sir Theophilus Shepstone, ein *British South African statesman,* der den Transvaal am 12. April 1877 unter britische Herrschaft brachte. Vor Offy kam zunächst sein Bruder Arthur im Mai 1884 nach Swaziland, um in Ngwenya nach Gold zu suchen und um von König Mbandzeni eine *mineral concession* zu erwerben. Der König gewährte sie ihm jedoch nicht, und so verließ Arthur Shepstone nach nur vier Monaten Swaziland wieder.

> Arthur Shepstone's visit to Swaziland brings together two important strands of Swazi history in this period [the early 1880ies] – the gathering momentum of Swaziland's conquest by concessions, and the ambition of the Shepstone family to cash in its influence to take a share in an increasingly lucrative sphere of operations.[45]

Viele Indizien weisen darauf hin, dass es der Shepstone Familie bei Swaziland zuallererst ums Gold, ums Geld und um den finanziellen Profit ging. Zum einen stand Sir Theophilus nach 1880 nicht mehr im Dienst des *public service* in Natal und bezog auch keine Pension von der britischen Regierung, zum anderen war Offy beinahe bankrott.

---

[45] Philip Bonner, Kings, Commoners and Concessionaires, Cambridge: Cambridge University Press, 1983, S. 171

> In the Shepstones he [King Mbandzeni] could hope to reconcile these demands [not to act in British interests but in Mbandzeni's own] by securing an advisor who would be responsible to himself, and who would also, by virtue of his family connections, carry weight in Natal [...] Certainly the Shepstones had good reasons for wanting this done. Offy was on the brink of bankruptcy in Natal, which would have been a terrible blow to his father Sir Theophilus, while Sir Theophilus's own financial position does not seem to have been particularly strong after the refusal of the Imperial Government to grant him an adequate pension when he retired. What could have been more natural, therefore, than for Sir Theophilus to look to Swaziland to restore the family fortunes, and to intimate to the Swazi that this might be one way of acquiring the political leverage they had been lacking for?[46]

Die Swazis erhofften sich von Offy britische Unterstützung mit Hilfe von Offys älterem Bruder Henrique Charles Shepstone gegen die Buren, um ihre Unabhängigkeit zu wahren. H.C. Shepstone war seit 1884 in Natal der *Secretary for Native Affairs.* Er war es auch, der den *High Commissioner* zu überzeugen versucht hatte, seinen Bruder Offy als *British Resident* in Swaziland einzusetzen, was ihm allerdings nicht gelang.

> The British government became increasingly inclined to follow Robinson [Sir Hercules Robinson, Royal Commissioner] in washing its hands of Swaziland, while the S.A.R., deprived of St Lucia Bay by Britain's annexation, began to see Swaziland as its road to the sea. As a result, Republican pressure became that much more overt and intense, and the extent to which the Swazi had mortgaged their independence to concessions became that much clearer. Mbandzeni's response was to appoint Theophilus Shepstone as his resident advisor, in an attempt to regulate and escape the new pressure being applied.[47]

Für alle Parteien war klar, dass Sir Theophilus Sohn Offy den Posten in Swaziland als Privatperson antreten würde, und nicht in Ausübung eines Amtes der britischen Regierung. Andererseits kann angenommen werden, aufgrund der Verbindung mit H.C. Shepstone, dem *Secretary for Native Affairs* in Natal, dass sich die Swazis in Offy einen Fürsprecher bei den Briten erhofften. Als im November 1886 Offy Shepstone nach Swaziland kam, war seine erste Handlung die, vom König eine *gold concession* zu erwerben. Im Februar 1887 wurde er offiziell zum Berater des Königs gemacht, als *Resi-*

---

[46] Philip Bonner, Kings, Commoners and Concessionaires, Cambridge: Cambridge University Press, 1983, S. 183

[47] Ibid., S. 181

dent Adviser and Agent in all matters in which white people are concerned in and about our country, mit den folgenden Aufgaben und Befugnissen:

> We...appoint the said Theophilus Shepstone to inquire into and settle all matters that may arise or be in dispute between the white people in our territory, and to enquire into all concessions or licences granted by us from time to time.
>
> And we further authorise and empower the said Theophilus Shepstone to supervise and collect all our revenues arising from concessions, rentals, royalties, licences, fines, duties and stamps or from any other source whatever and to account to us from the same. [48]

Offys erstes Jahr in Swaziland war ein Jahr voller Schwierigkeiten. Seine Ernennung stellte für die Buren im Land eine Niederlage dar, sowohl für sie selbst als auch die Interessen der Südafrikanischen Republik. Aber auch innerhalb der Briten in Swaziland hatte er Gegner. Ein Gegner war John Thorburn. *His Mbekelweni liquor canteen became a "natural meeting place for malcontents"*[49].

Innerhalb des Weißen Komitees bildeten sich zwei Gruppen: die Anhänger Shepstones und die Anhänger Thorburns. Allister Miller, ein Journalist, der später selbst Berater des Königs war, schrieb über Shepstone in den späten 1880er Jahren:

> There was something very exhilarating... in the atmosphere at the Embekelweni in those days. Native and European alike were divided into three camps – Shepstonites, Thornburnites and spies... Suppose you were visiting the Embekelweni, and you went first to Mr Shepstone, then you were a Shepstonite, but if you went to Mr Thorburn's you were a Thorburnite. If on the other hand you went to Mr Thorburns and after staying there [a] ½ hour or so went to say good-bye to Mr Shepstone...you were a spy.[50]

Offys Geldprobleme waren in Swaziland bekannt und selbst der König musste früh feststellen, dass *"his revenues were being systematically milked by Shepstone for his private use"*[51]. Bestand Anfang 1887 noch die Hoff-

---

[48] Arold Napier Boyce, The Swaziland Concessions and their Political Consequences, 1876-1908, Dissertation (M.A.), University of South Africa, 1946, S. 15-16

[49] s. Philip Bonner, Kings, Commoners and Concessionaires, Cambridge: Cambridge University Press, 1983, S. 185

[50] Miller, In: Philip Bonner, op.cit., S. 185

[51] Ibid., S. 186

nung, dass es Offy Shepstone gelingen möge, den Wettlauf um die Konzessionen in Swaziland halbwegs zu regeln, war Ende 1887 klar, dass der gleiche Ausverkauf, der 1886 mit der *winter pasturage* geschah, nun mit den *mineral concessions, the revenue and customs concessions and finally the unallotted lands concessions* passieren würde.

Im Juli 1887 wurde bekannt, dass Offy der S.A.R. eine Eisenbahnkonzessionen für Swaziland beschafft hatte. Offensichtlich *he kept a foot in both camps, the British and the Boer.* Allerdings wurde spekuliert, dass die Eisenbahnkonzession für die S.A.R. wertlos würde, wenn sie nicht die Kontrolle über Swaziland erlangen würde. Dass Offy mit der Republik Geschäfte machte, dokumentiert auch dieser Brief an seine Frau:

> I expect a row tomorrow with the Committee and am prepared for them to take a very strong position as I am now [established] in the country, and besides have the S.A.R. Govt. to fall back upon (failing the British Government) in case of necessity.
>
> [...]
>
> Another [Dutchman who] is here in my house begging me to side with the S.A.R. Govt. and use my influence. I shall be President and be paid in cash what the king owes me. What a fix to be in. For 3 hours we have been discussing the thing. As I feel the British Govt. will not do anything I am tempted to agree to it. But I must see tomorrow what line the king adopts and if he tries to sell me I'll sell him straight out.[52]

Ferner wurde gegen Ende des Jahres klar, dass er der S.A.R. auch die *concessions for electricity and telegraphs* beschafft hatte. Im November wurde Offy abermals von seinen finanziellen Schwierigkeiten eingeholt:

> In November 1887 Offy's creditors were virtually hammering on his wife's door in Pietermaritzburg, and she was writing frantic letters to Offy's associates to lend her £ 500 to stop her furniture being sequestered. Small wonder then that Mbandzeni saw so little of his revenues being transmitted into his hands. [53]

Mbandzeni vergab ohne Shepstones Wissen Konzessionen an Thorburn und seine Anhänger, so dass Shepstone im Mai 1888 Mbandzeni mit Rücktritt

[52] Philip Bonner, Kings, Commoners and Concessionaires, Cambridge: Cambridge University Press, 1983, S. 195

[53] Ibid., S. 186

drohte, wenn sich der König nicht an die Vereinbarung mit ihm halte. Der König entließ Offy am 15.2.1889 ohne Abgabe einer Erklärung. Im Vorfeld wurden jedoch zwei Briefe gefunden, die Offy einschlägige Angebote als Spitzel, als *secret agent* für den Transvaal in Swaziland für eine beträchtliche Summe machten.

Damit war Offys Wirken in Swaziland vorerst beendet. Mit Mbandzenis Tod am 6.10.1889 nahm Offy seinen Posten als *resident agent* und *adviser* wieder auf. Er hatte sich das Vertrauen der *queen-regent* Tibati Nkambule erschlichen. Der Thronerbe Bhunu war erst vierzehn Jahre alt und sollte zunächst, bis zu seiner Inthronisation im Jahre 1894, von seiner Mutter, der Ndlovukazi Labotsibeni, vertreten werden. Am 3. September 1890 wurde Bhunu offiziell dem Volk gezeigt und ihm der Name Ngwane verliehen. Dass es in der Zeit nach Mbandzenis Tod nicht zu Aufständen in Swaziland aufgrund der umstrittenen Nachfolge von König Mbandzeni kam, diesen Verdienst machte sich Offy Shepstone zueigen, der in diesem einen Jahr eine erstaunliche Kontrolle über alle Regimenter ausübte.

Offy Shepstones Einfluss in Swaziland war ab 1890 größer denn je. Die folgenden Kapitel C3 bis E3 werden aufzeigen, in wieweit Shepstone mit den Entwicklungen im Land weiterhin verbunden war.

C.2.2 Allister Miller

Allister Mitchell Miller[54] kam erst 1888 nach Swaziland, wurde aber schon am 12.9.1888 zum Sekretär des *White Committee* ernannt, tags drauf zum *justice of peace.* Zuvor war er als Journalist in Barberton bei den *Gold Fields Times* tätig. Miller gehörte dem Lager der Thorburnites an, unter anderem wohl, weil er dem Lagerbier aus Thorburns Embekelweni Hotel nicht abgeneigt gewesen zu sein schien. Der Einfluss, den Thorburn durch seine *Canteen* sowohl auf die Swazis als auch auf ungefähr die Hälfte der weißen Bevölkerung Swazilands ausübte, wird unter C 2.4 näher ausgeführt.

[54] Alexander Mitchell Miller (*at sea off Singapore 30.4.1864 – Mbabane, 5.11.1951)

Am 22. Dezember 1888 bezeugte Miller die *unallotted minerals concession (115M),* die Thorburn das Recht zur Ausbeutung jedes Stück Lands gab, das bis zu diesem Tage noch nicht als *mineral concession* vergeben war. Miller spielte eine führende Rolle im Bedrängen des Königs Mbandzeni, Shepstone zu entlassen. Nach Shepstones Entlassung am 15.2.1889 übernahm er am 20.2.1889 dessen Stelle als Sekretär und *agent* des Königs. Nachdem nun Shepstone und die Handlanger der Buren, als solcher wurde Offy Shepstone gesehen, keine Macht mehr in Swaziland hatten, sahen Thorburn und Miller ihre Chance, Mbandzeni zu empfehlen, um britisches Protektorat zu bitten. Am 28. Februar 1889 bezeugten Miller, Ewing und Thornburn Mbandzenis Bitte um britisches Protektorat. Sie schickten Rathbone dafür nach Pietermaritzburg, um den Brief des Königs dem Gouverneur von Natal persönlich zu übergeben. Bei der Konzessionenvergabe stand Miller Shepstone in nichts nach. Er vergab in seiner kurzen Amtszeit 21 neue Landkonzessionen, 34 Monopole, sowie die *unallotted lands concession* und die *private revenue concession* (86M) vom 6.7.1889 an J.R. Harington. Mit dem Tod Mbandzenis wurde Miller von Shepstone als *agent* des Königs abgelöst, und dies nahm Miller zum Anlass, sich künftig nur noch um seine Geschäfte zu kümmern. Er heiratete die Tochter seines Freunds und Geschäftspartners Thorburn und hielt gemeinsam mit Thorburn Aktien der Umbandine Swazieland Concessions Syndicate Ltd, für die er als *local manager* Konzessionen organisierte. Am 1. Juni 1897 gab Miller die erste Zeitung, die *Times of Swaziland,* heraus. Im März 1899 gründete Miller die *Swaziland Mining, Industrial and Commercial Chamber* und wurde ihr erster Vorsitzender. Für diese gab Miller im Jahr 1907 ein Buch heraus mit dem schmeichelhaften Titel, Swaziland – The California of South Africa. Damit sollten europäische, genauer britische Siedler nach Swaziland gelockt werden. Hier ein Auszug:

> [...] the foundation will be laid for the unrestricted occupation of a large proportion of Swaziland by Europeans, who for a great number of years have held titles to land, but have not been in a position to make full use of their holdings.[55]

Allister Miller schrieb nicht nur Geschichte in Swaziland, er schrieb auch die Geschichte Swazilands um.

C.2.3 Die Forbes Familie

Die Forbes Familie spielte in Swaziland eine große Rolle, nicht nur in den Jahren 1880 bis 1902, die in dieser Arbeit dargestellt werden. Ein wichtiges Dokument ist die Autobiographie eines Sohnes von David Forbes Senior, Captain David Forbes, *My Life in South Africa, A Narrative of 70 years' Pioneering in Mid-East Africa*[56], die die wesentlichen Veränderungen in Swaziland zu dieser Zeit beleuchtet, und die Forbes Junior aus seiner Perspektive kommentiert. Ferner war die Forbes Familie erfolgreich mit ihrer Goldmine, dem Forbes' Reef, darüber hinaus gehörten die Forbes zur ersten Generation weißer Einwanderer nach Swaziland. Die Forbes Familie war schottischer Herkunft, der Großvater David Forbes' junior kam aus Pitlochry. Alexander, James sr. und David Forbes sr. entdeckten nicht nur Gold am Forbes' Reef, sondern auch Kohle am Nsulutane River im östlichen Teil des Lebombo Gebirges. Die Geschichte des Goldfunds seiner Onkel und seines Bruders Alex hat David Forbes junior niedergeschrieben und soll hier auch auszugsweise Erwähnung finden:

> [...], and my brother Alex went prospecting for gold in Swaziland with my Uncle James and Mr. C.I. Swears. [...] My brother and Swears were camped near the Ingwenia Mountain, North-west of Swaziland, and were finding very good colours of gold in the Umshottiani River. [...] One evening they were returning to camp, passing by this ridge of rocks. My brother said to Swears, "Let us rest a bit," so they sat on the rocks. There they saw a long razor-backed stone standing out of the ground. My brother Alex sat astride it like on a horse. They were discussing where the gold might come from. My brother was mechanically knock-

[55] A.M. Miller, *Swaziland – The California of South Africa,* Mbabane and Johannesburg: Argus Printing and Publishing Company Ltd., 1907, S. 6

[56] My Life in South Africa von Captain David Forbes, D.S.O. erschien bei H.F.& G. Witherby, Ltd. London im Jahr 1938, David Forbes Junior (1863-1941) war zu diesem Zeitpunkt 75 Jahre alt

> ing off bits of the rock on which he was sitting, and watching them as they fell to the ground. After knocking off a few pieces he noticed a yellow speck in the rock. He said to Swears, "By Jove, I see something like gold in this rock!" Swears came and took the pieces of rock and said, "It really does look like gold!" [...] In the morning, when it was light enough, they examined it again, and sure enough it was gold. Without having any breakfast they went off to the reef, started knocking off pieces of it, and found visible gold all over the reef. They then panned some of the earth at the base of the reef, and the gold railing was half round the pan. By working at it all day they got about half an ounce of pure gold. [...][57]

Dies war im Jahre 1884. Nach dem Fund am Forbes' Reef war die ganze Forbes Familie im Einsatz, und die wöchentliche Ausbeute betrug zunächst 100 Unzen Gold im Durchschnitt:

> The result of our week's work usually came to one hundred ounces. Gold was then £ 3 17s. 6d. per ounce, so we were making about £1,550 per month gross, and as our native labour did not cost us much more than £20 per month, we did extremely well out of the alluvial gold. [...][58]

Daraus entstand die Forbes Reef Company:

> Ultimately a company was formed in London, and "The Forbes Reef Company" was formed. That was in 1884. In those days gold-mines were not floated with very large capital. If I remember rightly, my father's shares in the flotation was £ 10,000 cash, and 20,000 £1 shares. They went up £4 per share, but my father never sold. [59]

Die Forbes' Reef Company Konzession war zusammen mit der MacLachlan Konzession eine der ersten *mineral concessions* oder *mining grants* bevor der Konzessionen"wettlauf" begann. Die Forbes Konzession wurde im März 1882 für anfänglich fünfzig Jahre mit Option auf Verlängerung gewährt. Gegen Zahlung von 300 britischen Pfund jährlich an König Mbandzeni sollte die Forbes' Reef Co. das alleinige Recht erhalten, alle Mineralien des Bodens am Forbes' Reef auszubeuten, sowie alles Wasser, das zum Abbau benötigt wird, innerhalb des Konzessionsgebietes von 80 Quadratmeilen nützen zu dürfen. Darüber hinaus bekam die Forbes' Reef Co. das Recht eingeräumt,

---

57 David Forbes, My Life in South Africa, A Narrative of 70 years' Pioneering in Mid-East Africa, London: H.F. & G. Witherby, 1938, S. 86-87

58 Ibid., S. 88

59 Ibid., S. 88

Gebäude, Minen mit Maschinerie, Straßen zu errichten, Wasserläufe zu verändern, Holz zu schlagen, sowie Landwirtschaft zu betreiben. Ferner durfte die Forbes' Reef Co. ohne Zustimmung des Königs selbst Teile ihres Landes weiterverpachten.

> My father and Uncle James had a Concession given them by the Swazi king for all the minerals over the whole of Swaziland north of the Komativive.[60]

Insgesamt erhielt die Forbes Familie zwei *mineral concessions,* die 75M vom 10. März 1882 und die 19M vom 14. August 1883 und eine Kohlekonzession vom 3. Juli 1880, die James Forbes senior das Recht einräumte, *"of working the coal and all other minerals in the Bushveld Concession".* David Forbes senior hatte die Rolle des *principal organizer of the development of the prospect* inne, sein Bruder James senior war ein enger Vertrauter des Königs Mbandzeni, der zugleich zwischen Swazis und Briten vermitteln half. Der Sekretär des British Resident George Hudson in Pretoria, R. Rutherfoord beschrieb James Forbes senior im Jahre 1884 folgendermaßen:

> [...] Scotchman who has long resided in Swaziland, and is now gold-mining there on land granted to him on lease by the King and Council, who fully trust him, and whom he constantly advises, I feel well assured, both honestly and ably. He is, in fact, a recognised agent and "commissioner" and counsellor of the King, who does nothing of the slightest importance without him. Mr. Forbes speaks the Zulu and Swazi languages perfectly.[61]

Die Forbes Familie war auch maßgeblich daran beteiligt, dem Bruder Offy Shepstones, A.J. Shepstone 1884 die *mineral concession* in Swaziland zu verwehren. Sie überbrachte König Mbandzeni eine Anfrage des britischen Residents in Pretoria, ob die Swazis nicht bereit wären, einen britischen Resident in Swaziland sowie eine kleine Truppe Streitkräfte zu bezahlen. Über David Forbes ließ Mbandzeni im August 1884 ausrichten, dass die Swazis dafür zu arm wären.

Am 17. Februar 1886 erhielt James vom König eine *perpetual farming and grazing concession (5P)* über das Gebiet der Forbes' Reef mineral concessi-

[60] David Forbes, My Life in South Africa, A Narrative of 70 years' Pioneering in Mid-East Africa, London: H.F. & G. Witherby, 1938, S. 89

[61] Huw M. Jones, Biographical Register of Swaziland to 1902, S. 237

on. Im November 1886 annulierte Offy Shepstone die Forbesschen Konzessionen bis auf die Forbes' Reef Co. Konzession und verkaufte diese, mit der Begründung, Forbes wäre nach Schottland zurückgegangen, an seinen Schwager, A.F. Henderson. James Forbes, der aber wieder von seinem Schottlandaufenthalt zurückkehrte, protestierte bei Mbandzeni und Forbes bekam wenigstens die Hälfte der ursprünglichen Konzession zurück. Diese Zeit sowie die gesamte *concessions era* zu Zeiten Offy Shepstones und König Mbandzenis beschrieb David Forbes junior in seinem Buch vortrefflich:

> [...] With the discovery of the Rand, a number of men flocked into Swaziland with bags of money, and offered Umbandine hundreds of pounds for the mineral rights over certain portions of land. [...] In time the king could not resist the bags of money, especially as the white men told him my uncle had all the money he wanted, and would not come back again. Then came the concession era in Swaziland. We had returned to find it at its height. We realized that all was lost as regards the mineral rights all over Swaziland held by my uncle and father. So my brother and I decided to share in the spoils, and get concessions for ourselves. It was an exciting, and also an amusing game. There were dozens of men walking round the king's kraal with concession papers written over in their pockets ready to be put before the king to be signed. Each man kept his particular piece of ground as secret as possible in case another man forestalled him, and put in an application for it. He had a Swazi chief as his agent to secure an audience with the king for him.[...] We strolled round as unconcerned as possible in the direction he had indicated, and there meet our chief, who would tell you he had spoken to the king; but the king was now having a sleep, later he would fix up an interview for you. That meant you had to slip £1 into his hand to ginger him up. In this way the wily Swazi would get at least £ 5 out of you before the final interview with the king was fixed. We did not worry much about £ 1 going in this way, for were we not playing for a fortune – a gold-mine in our mind's eye. In the end most of us got our concessions, but very few got the fortunes. [...] You would tell the king you just wanted a piece of land as big as your hand, on which you wanted the mineral rights. You would give the king some money now, but thousands of pounds later, when you discovered gold and worked it. He got £ 3,000 in gold when Forbes Reef was floated into a company. If your luck was in, and the king was in a good mood, he would say, "Let me see the money," and never in your life did you part with your money quicker and more willingly. The king would say, "Where is the pen?" and it would come from your pocket, also a small bottle of ink. He would then make a cross where indicated, as his signature. Then there would be a scramble with the chiefs present to sign as witnesses, and the custom was to give each chief who signed £ 1. A place was always reserved

> for Sandhland and Tekuba to sign. You then left the kraal feeling you had a fortune in your pocket. [...][62]

Als Shepstone im Mai 1887 das weiße Komitee ins Leben rief, war James Forbes senior derjenige, für den die meisten stimmten. So wurde er zum Vorsitzenden berufen. Im Juli 1887 hatte sich James Forbes nicht mehr erneut für das weiße Komitee zur Wahl gestellt. David Forbes senior war schon im Oktober 1885 nach Schottland gereist, um seine Töchter dort zur Schule zu schicken. Von Edinburgh aus schrieb David Forbes am 22. Dezember 1885 an Sir Robert Herbert, dem *under-secretary* des Colonial Office, er möge auf die Bitte König Mbandzenis hin Swaziland unter britischen Schutz stellen. Im Sommer 1889 gaben beide Forbesbrüder in der britischen Presse kund, dass Swaziland das britische Interesse verdiene, schon allein aufgrund der *important anthracite coal deposits,* die einen möglichen strategischen Werts für die britische Navy darstellen könnten, und von denen James Forbes bereits seit drei Jahren Proben nach London zur Jermyn Street School of Mines geschickt hatte. David Forbes brachte im Jahr 1889 in Großbritannien die Goldfirmen an die Börse: die Forbes' Reef Gold Mining Company mit einem Kapital von £ 400,000 und die Henderson and Forbes Gold Mining Company. James Forbes blieb einige Jahre im schottischen Hochland, genoss das Leben dank der Erträge aus Swaziland, *he hired shootings in the Highlands and lived the pace*[63] und kehrte Mitte der 90er Jahre nach Swaziland zurück, um sich dort im *tin-mining syndicate* zu engagieren. Dieses wird unter C4 und D5 noch genauer beschrieben werden.

C.2.4 John Thorburn

John Thorburn[64] kam im Juli 1884 zum ersten Mal nach Swaziland. Sesshaft wurde er dort erst Ende 1886. Zunächst verkaufte er Waren von seinem Ochsenwagen aus, dann bemühte er sich um eine *land and trading concession (61L),* die er am 8.4.1887 als *lease* auf 99 Jahre erhielt und für die er König

[62] David Forbes, My Life in South Africa, A Narrative of 70 years' Pioneering in Mid-East Africa, London: H.F. & G. Witherby, 1938, S. 106-107

[63] Huw M. Jones, Biographical Register of Swaziland to 1902, S. 239

[64] John (Sokoko) Thorburn (*1836 – †Johannesburg, 9.4.1909)

Mbandzeni £50 bezahlte. Sein Land umfasste eine Fläche von ungefähr 1.831 Hektar und erstreckte sich in einem 2,4 Kilometerradius um den königlichen Kraal Mbekelweni. Darauf baute Thorburn einen Laden, der dann sukzessive ausgebaut wurde als Hotel und *canteen.* Dank der geografischen Nähe zum Königshof, genau 550 Meter, entwickelte sich zwischen Thorburn und König Mbandzeni eine Freundschaft. Das Mbekelweni Hotel wurde schnell, wie es A.M.Miller nannte, *the mecca of the concessionaire*[65]. Thorburns Einfluss auf den König war Offy Shepstone ein Dorn im Auge. Im März 1888 erhielt Thorburn vom König ein Bankmonopol (113M) und Shepstone weigerte sich, dieses zu registrieren. Daraufhin wurde Offy zum König vorgeladen, und Mbandzeni warf ihm vor, er würde ihm sein Geld stehlen. Jemand hatte dem König zugetragen, dass Offy der S.A.R. für £15.000 das *railway monopoly (108M)* verschafft hatte. Dieser Unbekannte stand wohl im Dienste von Thorburn. Thorburn setzte sich durch, er bekam schließlich sein *banking monopoly(113M),* die Feindschaft jedoch zwischen ihm und Offy Shepstone wurde immer erbitterter, bis Thorburn beim König um Schutz bat. Mbandzeni stellte ihm das iNyatsi Regiment, später das iNdhlavela Regiment als Bodyguards zur Verfügung. Die meisten der weißen Konzessionäre stellten sich nun auch hinter Thorburn. Im Juli 1888 wurde Offy von seinem Amt suspendiert. Am 30. Juli berief Mbandzeni ein Treffen ein, auf dem er einwilligte, Offy den Posten des königlichen Sekretärs gegen Zahlung von £600 per annum zu geben, vorausgesetzt, Offy verzichtete auf jegliche Einkünfte aus den Konzessionen. Am 1. August wurde die Charter of Rights (s. C6) unterschrieben, Thorburn unterzeichnete diese vor Offy Shepstone, sein Rang in Swaziland war nun Rang 1 vor seinem erbitterten Widersacher Shepstone. Dessen schien sich Thorburn auch bewusst gewesen zu sein, er baute seinen Einfluss auf Mbandzeni aus und versäumte es nicht, weitere wichtige Konzessionen für sich zu erlangen. Nach den Landkonzessionen 138L und 76L erhielt er das *monopoly for surveying.* Dann, nach Shepstones Entlassung am 15.2.1889 und während Millers Amtszeit, sicherte sich Thorburn gemeinsam mit Harington (s. C2.5) das *monopoly of postal*

[65] Huw M. Jones, Biographical Register of Swaziland to 1902, S. 576

services (87M), das *monopoly to import liquor for 50 years (114M)* und, eines der wohl wertvollsten Monopole, die *unallotted minerals concession (115M)*. Gemeinsam mit Cohen erhielt er das *customs monopoly(57M)*, seine Frau Mary Florence erhielt die Monopole *gas illumination(116M)* und *lithography and printing of the Government Gazette(117M)*. Im Juli 1889 erhielt Thorburn zusammen mit F. Watkins das zweite wertvolle Monopol, die *unallotted lands concession(133L)*. Diese Konzession war ein *lease* auf 50 Jahre, mit dem Recht auf Erneuerung der Pacht um weitere 50 Jahre, und einem Zins von £50 jährlich. Mit diesem Monopol erhielt Thorburn am gleichen Tag noch das Monopol 110M auf *the treatment of tailings and concentrates.*

Mit der schweren Erkrankung des Königs Mbandzeni verließen Thorburn und seine Familie Swaziland in Richtung England. Als sie mit dem S.S. Tartar auf dem Weg nach Southampton waren, starb der König.

> They stayed in London where Thorburn attended several meetings concerned with affairs in Swaziland, continually stressing that he had never seen the ngwenyama the worse for drink. This was clearly to counteract allegations that he had built his fortune on the foolish acts of a drunken monarch which was the prevailing impression in his final years.[66]

Dies ist nicht der Ort für Spekulationen über die Trinkgewohnheiten des Königs Mbandzeni von Swaziland. Dennoch kann mit Gewissheit gesagt werden, dass der *liquor shop* Thorburn den Zugang zu König Mbandzeni erleichtert hatte. Eine weitere Anekdote berichtet vom Thron Mbandzenis, den Thorburn ihm aus England besorgt hatte, *a sort of glorified barber's chair, all red plush and gilt nails*[67], die Dankbarkeit dafür nützte Thorburn wohl reichlich für den Erwerb der Konzessionen und Monopole. Mit dem Tod Mbandzenis war Thorburns erfolgreiche Zeit in Swaziland beendet. In London verheiratete er seine Tochter Beatrice Mary mit seinem Protégé aus Swaziland, A.M. Miller. Gemeinsam mit seinem Schwiegersohn gründete er im Juni 1893 die Umbandine Swazieland Concessions Syndicate Limited,

[66] Huw M. Jones, Biographical Register of Swaziland to 1902, S. 580

[67] Ibid., S. 579

die Geschäfte überließ er künftig ihm. Im Jahre 1899 erschien bei Blackfriars in London sein Buch *Struggles in Africa.* Darin schreibt er:

> When the British Queen spoke, at the opening of Parliament, of "the disordered condition in Swazieland", it must be remembered that the country is free and independent, and that the disorders complained of are only such as naturally result from the sudden irruption of large numbers of white settlers into the Swazie territory.
>
> As Mr. Gladstone said, in the debate on the Address, Swazieland is still a comparatively unknown country, although more than a thousand Englishmen have recently gone there in search of gold. "So long," said the ex-Premier, " as we avoid anything that looks like political ambition and aggression, or that has a tendency to provoke collision and bloodshed, the country will be glad to know that the British Government is taking precautions of a peaceful and rational kind for bringing about the better government of Swazieland."[68]

Thorburn konnte zu diesem Zeitpunkt freilich noch nicht wissen, dass während der vierten Amtszeit Gladstones, von 1892-94, die Briten Swaziland den Buren überlassen würden.

C.2.5 Rathbone, Harington, Eckstein, Eloff et al.

T.B. Rathbone[69] kam im Jahr 1858 zum ersten Mal nach Swaziland, siedelte dort aber erst im Februar 1867. Er errichtete einen Laden in der Nähe des königlichen Kraals in Ludzidzini und wurde ein enger Freund des Königs Mbandzeni. Da er siSwati sprach, diente er häufig dem König als Übersetzer, so auch im Jahr 1886, als es um die Frage des britischen Residents in Swaziland ging. Im März 1887 übersetzte und bezeugte er die Anfrage König Mbandzenis an den Gouverneur von Natal, Offy Shepstone zum britischen Resident in Swaziland zu ernennen. Rathbone war ein *Shepstonite,* Mitglied des Weißen Komitees und Inhaber der *land and trading concession 60L,* die sich auf circa 1.447 Hektar Land rund um seinen Laden in Ludzidzini erstreckte. Später war er auch ein enger Vertrauter König Bhunus. So begleitete er ihn auf seiner Flucht im Jahre 1898, um britischen Schutz zu erbitten. Im Jahr 1906 war er der einzige Weiße, der im königlichen Kraal wohnte.

[68] John Thorburn, Struggles in Africa, London: Blackfriars, 1899, S. 43

[69] Thomas Brittannia Rathbone (* Mauritius,1842)

Wenig ist über Rathbone bekannt, sein Vertrauen, das er im Königshaus genoss ist unbestritten, sicherlich gehörte er nicht zu den nach Reichtum strebenden *concession hunters*, die sonst so typisch für die *concessions era* in Swaziland waren.

J.R. Harington[70] war einer der Agenten der S.A.R., die Konzessionen in Swaziland erwerben sollten. Er trat zum ersten Mal in Swaziland in Erscheinung, als er das Postmonopol (87M) am 29. Oktober 1888 erhielt. Nachdem er ein Sechstel davon an J. Thorburn, wohl als Vermittlungsprovision, abgetreten hatte, verkaufte er es am 9. Januar 1889 an F.C. Eloff weiter, der ebenfalls im Dienst der S.A.R. stand (siehe C4). Im Februar 1889 bekam er das Monopol *issue of licences (84M),* das er am 2. April 1889 an J. Porges, H.L. Eckstein und S. Neumann (siehe C4) weiterveräußerte. Am 6. Juli 1889 erwarb er das Monopol 86M über König Mbandzenis *private revenues,* das ihn befugte, alle Privateinkünfte des Königs und seiner Nachfolger einzuziehen, dafür musste er sich zu einer Zahlung von £12.000 jährlich verpflichten. Dieses außergewöhnliche Monopol wurde am 14. September 1889 an F.C. Eloff weiterverkauft. Am 7. Oktober 1890 wurde diese Konzession offiziell der Südafrikanischen Republik übertragen.

H.L. Eckstein[71], der in Stuttgart Hohenheim geborene Emigrant, der Namensgeber des Corner House in Johannesburg, Mitbegründer und erster Präsident der Chamber of Mines, der im Jahr 1886 Alfred Beit und Julius Wernher nach Barberton begleitet hatte und später einer der größten Randlords wurde, spielte auch im Geschäft mit Swaziland eine nicht unwesentliche Rolle. Wie Huw M. Jones schreibt, *Eckstein's role in the monopoly concessions situation of 1889 is still far from clear*[72], kann angenommen werden, dass Eckstein zunächst für die eigenen Firmen Jules Porges & Co. und H. Eckstein & Co. nach lukrativen Geschäftsmöglichkeiten suchte, bevor er für die Südafrikanische Republik Konzessionen erwarb.

[70] John Robert Harington (*Cape Colony, 5 December 1866)

[71] Hermann Ludwig Eckstein (* Stuttgart Hohenheim 3.8.1847 - † Stuttgart, 1.1.1893)

[72] Huw M. Jones, Biographical Register of Swaziland to 1902, S. 199

Das Syndikat Porges und Ecksteins kaufte am 3. Dezember 1888 Cohens *Mint monopoly (unnumeriert)*, am 2. April 1889 Haringtons *Licences monopoly (84M)* und verkaufte das Lizenzmonopol im September 1891 für £50.000 an die S.A.R.

Eckstein's purchase was followed immediately by a bizarre attempt to safeguard his investment.[73]: Eckstein telegraphierte dem Britischen High Commissionner, Sir Hercules Robinson, und bat ihn um die Unabhängigkeit Swazilands oder den Anschluss an die Südafrikanische Republik. Die beiden *mineral concessions* 28M und 22M, die Eckstein kaufte, wurden an eine Ryan Company weiterverkauft.

Das Ecksteinsche Engagement in Swaziland macht dem Leser wenig Sinn. Die Vermutung liegt nahe, da Eckstein, zwar kein Freund, aber zumindest doch ein Bekannter Rhodes war, und ein Geschäftsmann, dass er als Mittelsmann für die S.A.R. Konzessionen erwarb, um zum einen die Übernahme Swazilands durch die S.A.R. zu unterstützen, zum anderen im Gegenzug Rhodes Engagement im Norden dadurch voranzutreiben. Eine andere Hypothese wäre, dass die Briten, hätten sie statt der S.A.R. 1895 Swaziland übernommen, einen Großteil der Konzessionen gar nicht anerkannt hätten, – was ja auch tatsächlich ab 1904 der Fall war –, so dass die Investitionen in Swaziland verloren gewesen wären. Letzteres greift bei Eckstein als Argument nicht, da er fast alle Konzessionen unmittelbar nach dem Erwerb schon wieder weiterveräußert hatte.

Eine weitere Persönlichkeit, die unzweifelhaft für die S.A.R. in Swaziland agierte war F.C. Eloff[74]. Er war der Schwiegersohn von Präsident Kruger. Im November 1888 kaufte er Harington für £12.000 das *postal rights monopoly (87M)* ab, dann im Dezember 1888 von H.L. Dacomb das *canal rights monopoly (61M)* für £4.000. Im Januar 1889 erwarb er von Harington das *electricity and telegraph monopoly (77M)* und im Juli 1889 das *private revenue concession monopoly (86M)*. Diese Konzessionen wurden der S.A.R. am

[73] Huw M. Jones, Biographical Register of Swaziland to 1902, S. 199

[74] Frederik Christoffel Eloff (* Uitenhage, Cape Colony, 1850 - †Pretoria, December 1924)

7. Oktober 1890 übertragen und am 21. Juli 1892 für die S.A.R. ins Register eingetragen.

Napthali Herz Cohen, ein weiterer Aufkäufer der Swaziland Concessions und Weiterverkäufer an die S.A.R., ein Jurist, auch er gibt Rätsel auf, genau wie Eckstein. Huw M. Jones sagt über ihn:

> Cohen was clearly working on behalf of his clients, the Republic, and his own commercial interests. [...] Cohen had moved to Johannesburg about 1890 and became partner in the law firm of Naph. Cohen, Yates and Marais. Here he was regarded as a "loyalist" to the British Crown and as such was one of the vice-chairmen at a banquet in honour of the Queen's Birthday held at Hocking's Goldfields Hotel on 23 May 1898.[75]

Alois Hugo Nellmapius[76], ein großer *concessions broker* vom Rand und auch er ein Mittelsmann für Kruger und die Republik, erwarb am 21.2.1888 mit der Unterstützung von H.L. Eckstein, der die Firma Wernher, Beit & Co. vertrat, das Zementmonopol in Swaziland. Gemeinsam mit Eckstein und C. Hanau hielt er das Swaziland Concessions Syndicate, das sie für £53.000 an die S.A.R. weiterverkauften. Nellmapius stand im November 1889 mit Sir Francis de Winton und der S.A.R. im Gespräch und machte sich für das Abtreten Swazilands an die Republik stark.

C.3 Das weiße Komitee 1887

Offy Shepstones Aufgabe nach seiner Ernennung zum Berater des Königs im Februar 1887 bestand hauptsächlich darin, die Konzessionen, die König Mbandzeni bis dato erteilt hatte, zu überprüfen und Streitigkeiten unter den Konzessionären zu klären, sowie dem König bei weiterer Konzessionsvergabe beratend zur Seite zu stehen. Am 16. Mai 1887 berief Offy ein Treffen unter allen Konzessionären ein, zu dem ungefähr 500 Weiße kamen, und ließ ein *White Committee* aus fünfundzwanzig Männern aufstellen, das künftig alle Angelegenheiten der Weißen in Swaziland regeln sollte. Zwei Tage spä-

[75] Huw M. Jones, Biographical Register of Swaziland to 1902, S. 70

[76] Alois Hugo Nellmapius (* Budapest, 6 May 1841 - †Irene, near Pretoria, 28 July 1893)

ter bestellte König Mbandzeni die Weißen zu sich, um ihnen folgendes mitzuteilen:

> [...] "I have given out these concessions and rights to the white people, and wish you to let me live in friendship with you as king and as the British and Dutch Governments agreed that I should live under the convention – an independent king. I want you all to assist me, and I have appointed Nomfi (Shepstone) to attend to my business. [...] Mr. Shepstone came here to obtain a concession like anyone else, and I appointed him to help me. When I appointed him, I still retained sovereign rights and am still king of the Swazi nation. I have sent to both governments to have commissioners placed on the borders of the country to know all that is being done. I want it made known that Mr. Shepstone was not appointed by any government, it was merely done by myself, and it was my own idea to have him here to look after papers, as gold is being found in the country. I wish it also to be known that nobody shall force Swazis to work on concessions, or beat them if they refuse to do so..."[77]

Ferner nahm der König Bezug auf den Konflikt zwischen Buren und Briten, hinsichtlich der gleichzeitigen Nutzung seines Landes als Tierweiden und zur Goldsuche. Die Buren hatten sich beim König beschwert, dass ihre Tiere in die Löcher fielen, die die Goldgräber in den Boden gegraben hätten. Sie hatten ferner den König darauf aufmerksam gemacht, dass er nicht ein und dasselbe Land für *grazing rights* und *mineral rights* vergeben könnte. Der König stellte klar, dass Shepstones Ernennung nicht bedeute, dass er die Briten den Buren vorziehe, und dass auch die Erteilung von *mineral concessions* an hauptsächlich britische Weiße nicht bedeute, dass er den Buren die *grazing rights* entziehe. Er wünsche ein friedliches Miteinander aller Weißen in seinem Lande und habe keine Präferenzen für irgendeine Nation.

Am 31. Juli 1887 berief Offy Shepstone erneut ein Treffen ein und dabei wurde das weiße Komitee von fünfundzwanzig auf fünfzehn Mitglieder verkleinert, wobei jede Gruppe fünf Mitglieder stellte. Gruppe eins waren die *mineral concession holders,* Gruppe zwei die *storekeepers and residents* und Gruppe drei die *grazing-rights holders.* Die *grazers* waren Buren, die *miners* und *traders* überwiegend Briten. Folgende Konzessionäre wurden ins Komitee gewählt:

[77] J.S.M. Matsebula, A History of Swaziland, Cape Town: Longman, 1972, S. 73

> The election then took place, and the elected representatives were:
>
> Group 1: C.J. Swears, Capt. A. Ewing, W.A. Carter, A. Meikle and W. Blaine
>
> Group 2: J. Colenbrander, J. Thorburn, W.A. Fyfe, J. Fullerton and Thomas Rathbone
>
> Group 3: J.P. Steyn, P. Joubert, A. Henderson, N. Breytenbach and Van Staden
>
> The Committee elected C.J. Swears as Chairman.[78]

Ferner wurde eine *police force* von fünf Männern aufgestellt, um das weiße Komitee zu unterstützen, drei *justices of peace* (Friedensrichter) wurden ernannt und ein Gefängnis gebaut. Am 8. Oktober 1887 suchte eine Delegation der Buren unter der Führung von J.J. Ferreira König Mbandzeni auf, um ihm mitzuteilen, dass die Buren das weiße Komitee nicht anerkennen würden. Sie würden lediglich ihn, König Mbandzeni und sein council anerkennen. Würde er sie nicht regieren wollen, würden sie ihr eigenes Regierungskomitee aufstellen.

Am 1. August 1888 erließ König Mbandzeni zugunsten des weißen Komitees eine *Charter of Rights*, oder auch *White Charter* genannt, die den Weißen *self-government*, eine eigene Gesetzgebung und das Recht der Steuererhebung zubilligte. Mbandzeni behielt sich lediglich ein Vetorecht vor. Ferner wurde ein neues White Committee gewählt, mit zusätzlich 5 *King's nominees*. Diese waren Capt. A. Ewing, Rev. Joel Jackson, T.B. Rathbone, C. Murphy und T. Shepstone. A.M. Miller wurde zum Regierungssekretär ernannt. Für die *registration of deeds* war T. Shepstone zuständig und wurde später von A.M. Miller abgelöst.

> Rentals on concessions and a 4% transfer duty on transactions in fixed property formed the main sources of revenue for Umbandine. The Committee derived revenue by imposing customs duties and levying taxes on the Europeans.[79]

Das weiße Komitee erhielt vom König die Hoheit über Steuern und Zölle. A. Blake wurde zum *Collector of Taxes,* S. Ryan zum *Chief of Police* ernannt. In jedem *district* wurden *Resident Justices of Peace* eingesetzt und der *Sessi-*

---

[78] J.S.M. Matsebula, A History of Swaziland, Cape Town: Longman, 1972, S. 74

[79] Arold Napier Boyce, The Swaziland Concessions and their Political Consequences, 1876-1908, Dissertation (M.A.), University of South Africa, 1946, S. 26

ons Court bestand aus 2 Mitgliedern der weißen Regierung, sowie dem Regierungssekretär Miller. Swaziland hatte plötzlich zwei Regierungen, eine weiße für die weiße Bevölkerung und eine schwarze für die schwarze Bevölkerung. Nicht ganz, denn die Buren wollten sich der weißen Regierung nicht beugen, vielmehr sahen sie sich als Subjekte des Königs Mbandzeni: *It was a strange compromise, allowing for two governments within the same territory. It didn't work.*[80] Die Spannungen zwischen Buren und Briten im Land hielten weiter an. Dreh- und Angelpunkt der Auseinandersetzungen zwischen Buren und Briten in Swaziland waren die konträren Ansprüche, die beide Konzessionärsgruppen an den König, an Swaziland stellten. An späterer Stelle [Kapitel C7] soll geklärt werden, in wieweit die Swazis zu diesem Zeitpunkt noch die Herren über ihr eigenes Land waren, oder, ob sie nicht doch zumindest an die Briten mit der *White Charter* und den Konzessionen auch die Wirtschaftsmacht über ihr eigenes Land abgegeben hatten. Zum einen hatte Mbandzeni den Weißen, den Buren und Briten, die Nutzung seines Landes überlassen, zum anderen hatte er mit der *Charter of Rights* den Weißen den Staat im Staat gestattet, mit der Konsequenz, dass alle Weißen nicht nur Subjekte ihrer jeweiligen Regierungen blieben, sondern auch, dass die Regierungsgewalten der Legislativen, Exekutiven und Jurisdiktion in Swaziland über die weiße Bevölkerung vollständig auf die Weißen übertragen wurden.

C.4 Die Notwendigkeit der *joint commission*

Conditions in Swaziland were gradually deteriorating and it became necessary for the governments of Great Britain and the South African Republic to interfere.[81] Bereits unter B3 wurde die Haltung der Briten nach 1884 zur *Swaziland question* dargestellt: Laisser faire, policy of neglect, Politik des *doing nothing,* et cetera. Das Desinteresse der Regierung Großbritanniens an Swaziland war offensichtlich, gab es auch keine Gründe für ein Engagement

80 Ettagale Blauer, Jason Lauré, *Swaziland,* New York: Grolier, 1996, S. 25

81 Arold Napier Boyce, The Swaziland Concessions and their Political Consequences, 1876-1908, Dissertation (M.A.), University of South Africa, 1946, S. 28

dort. Zum einen war Swaziland nicht zugänglich durch britische Territorien, lediglich von Natal aus durch den noch unabhängigen Pongola-Streifen. Ferner saß den Verantwortlichen in der Regierung und im Colonial Office die *Treasury* im Nacken, die kein Geld für die Errichtung eines Verwaltungsapparates in Swaziland im Falle einer Annektierung zur Verfügung stellen wollte (und konnte). Letzter, und wohl auch triftigster Grund war, dass Swaziland wirtschaftlich uninteressant wurde, als sich herausstellte, dass nicht, wie ursprünglich angenommen, große Goldvorkommen dort zu finden waren. Dies nahm auch den Lobbyisten der zwei großen Goldfirmen in Swaziland und ihren Fürsprechern bei den Handelskammern London und Edinburgh den Wind aus den Segeln. Swaziland war also für die Briten in keinster Weise attraktiv, trotzdem sollte es für die Briten weiterhin wertvoll bleiben, als Verhandlungsobjekt mit Kruger.

Was machte es also nötig, dass die britische Regierung in Swaziland eingriff und zur Hälfte zur *Joint Commission* beitrug? Im Gegensatz zur S.A.R. hatte Großbritannien keine Konzessionen in Swaziland erworben, lediglich hielten Briten Mineral- und Handelskonzessionen und hofften nun auf Schutz ihrer Interessen seitens der britischen Regierung. Ging es also der britischen Regierung um den Schutz ihrer britischen Subjekte und deren wirtschaftlichen Interessen in Swaziland? Oder wollten die Briten Kruger signalisieren, sie gäben Swaziland nicht so ohne weiteres für ihn auf?

Bereits im Januar 1888 hatte die Regierung der südafrikanischen Republik der britischen vorgeschlagen, in Swaziland eine *joint commission* einzusetzen, um die Streitigkeiten unter den Weißen in Swaziland zu klären. Am 13. Februar 1889 schrieb Leyds, der Staatssekretär der S.A.R. an den High Commissioner, Sir Hercules Robinson, und ließ ihm folgendes mitteilen:

> […] moreover since the Swazi king, during recent years had constantly granted to private persons concessions and monopolies of such a mature that it lay in the power of the concessionaire to arrest the development of the country and to create difficulties there which would gravely affect the Republic, the Government had considered it necessary to make pecuniary sacrifices in order to acquire some of these concessions among which were a railway concession, postal concession, telegraph concession, a concession of river and canal transportation and a survey-

> ing concession. [...] that a future settlement of the Swaziland question, whenever required, is only possible by annexation to the Republic. [Leyds: Transvaal surrounded, p.252 / C.6200 No.68 State Secretary to High Commissioner 13/2/89.]

Am 15. Februar 1889 wurde Offy Shepstone von König Mbandzeni entlassen. Am 2. April 1889 empfahl der High Commissioner, Sir Hercules Robinson, Lord Knutsford, eine *Joint Commission* für Swaziland einzusetzen. Britische Konzessionäre hatten sich an Robinson gewandt und darum gebeten, Swaziland unter den Schutz Großbritanniens zu stellen. Die Londoner Handelskammer hatte ans Colonial Office geschrieben und gebeten, einen *British resident* für Swaziland zu ernennen. Am 3.Mai 1889 machte Kruger seine berühmte *friendly offer*. Er bot an, alle Ansprüche der S.A.R. auf Territorien nördlich des Limpopo Flusses zurückzuziehen und die britische Expansion dort zu unterstützen, wenn er die Zustimmung der britischen Regierung für den Erwerb Swazilands, die Gebiete der Zambaan und Umbegisa, Tongaland, sowie Kosi Bay erhalte. Lord Knutsford ließ daraufhin Kruger wissen, *that his proposal was being considered, but that the British government could not state at present whether it could be entertained. [Knutsford an Smyth, C.6200, 8/5/89]* Am 5. Juni 1889 drohte Transvaal damit, Swaziland zu annektieren. Im Juni und Juli 1889 hatten sich erneut die Handelskammern London und Edinburgh an Lord Knutsford gewandt und drängten nach einem *British resident* in Swaziland, um die Interessen der *mining companies* dort zu schützen. *The pressure of joint stock companies and Chambers of Commerce on behalf of British mining and commercial interests in Swaziland continued to affect Knutsford's policy. [C.O. 438 in Garson, S.304/305]* Die britische Regierung hielt sich noch immer zurück, etwas in Swaziland zu unternehmen, und so schickte die S.A.R. zwei Vertreter nach Swaziland, General N.J. Smit, den Vizepräsidenten, und Generalstaatsanwalt Dr. A.E.G. Krause. Lord Knutsford ließ daraufhin die Republik wissen, dass er auch gedenke, sich an der Kommission zu beteiligen, dass er aber keine *separate interference* von Seiten der S.A.R. dulden würde. Zwischenzeitlich wurde Colonel Martin beauftragt, die neuen Entwicklungen in Swaziland zu beobachten. Im September 1889 instruierte das Colonial Office Colonel Sir

Francis de Winton[82] für seine bevorstehende Aufgabe in Swaziland. Erst im Oktober 1889 antwortete Lord Knutsford Kruger auf dessen *friendly offer* und ließ mitteilen, *that the questions relating to the territories on the east could be best considered after the Joint Commission had met and delivered its report [Knutsford to Smyth, 9 October 1889 In: N.G. Garson, S. 302]*

Der bereits seit Ende 1888 kranke und seit September 1889 schwerkranke König Mbandzeni verstarb am 6. Oktober 1889. Sein ältester Sohn und Nachfolger Bhunu war noch minderjährig und sollte erst im Jahr 1894 König werden. Offy Shepstone, der sich nach seiner Entlassung durch König Mbandzeni die Gunst der *ndhlovukazi* Tabati Nkambule erschlichen hatte, nahm sich nach Mbandzenis Tod der Regierungsgeschäfte an und wurde am 21. Oktober 1889 wieder zum *adviser* und *agent* der Swazis ernannt. Shepstone schaffte am 21. November 1889 das *White Committee* endgültig ab. Dies sollte das Ende der weißen Selbstbestimmung der Konzessionäre Swazilands sein. Künftig würden Vertreter der drei Nationen, der Südafrikanischen Republik, Großbritanniens und Swazilands gemeinsam über die Geschicke der Weißen dort, sowie über die Geschicke Swazilands bestimmen.

Im November 1889 bildeten die Gesandten der britischen und südafrikanischen Regierung ein Komitee, bestehend aus den vier *commissioners,* Colonel Martin und Colonel de Winton für die Briten, sowie General Joubert und General Smit für die S.A.R., deren Rechtberatern W.P. Schreiner (für die Briten) und Dr. Krause (für die S.A.R.), sowie Offy Shepstone als Vertreter der Regierung Swazilands. Captain R.S.S. Baden-Powell und Isaac van Alphen fungierten als *joint secretaries* des Komitees. Am 2. Dezember 1889 tagte das Komitee zum ersten Mal. De Winton schlug vor, zunächst die Genehmigung weiterer Konzessionen zu unterbinden, bis die Rechtmäßigkeit aller Konzessionen in Swaziland geprüft wäre. Am 9. Dezember 1889 traf die Kommission mit der Queen Regent Tibati und dem *Swazi National Council* zusammen.

[82] Sir Francis Walter de Winton, G.C.M.G, C.B., Major-General (* Pittsford, Northamptonshire, 21 June 1835 - + Llanstephan, Wales, 16 December 1901)

> Two days later, on 11 December 1889, the commission was formally accepted by the Swazi nation in a written proclamation. On 16 December a meeting of the European residents of Swaziland was held, and it resolved that the "present form of government over the Whites is inadequate and some other form should be initiated".[83]

Die *Organic Proclamation* gab der *Joint Commission* das Recht, für die Zeit ihres Aufenthaltes in Swaziland, als die Regierung der Weißen zu agieren.

Am 18. Dezember 1889 beendete die Kommission vorerst ihre Untersuchungen, De Winton reiste nach London zurück und gab mit seinem Report folgende Empfehlungen ab[84]:

> 1. That a triumvirate provisional Government should be formed to replace the White Committee.
>
> 2. That the South African Republic should be given leave to build a railway line through Swaziland to Kosi Bay.
>
> 3. That a properly-constituted legal high court of three members, and a lower court, should be set up to deal with European matters.
>
> 4. That the triumvirate Government should have no jurisdiction over purely Swazi affairs.
>
> 5. That the high court should have the power to decide upon the validity of the concessions granted by the late king of Swaziland
>
> 6. That no more concessions should be granted without the approval of the British High Commissioner and the President of the South African Republic… [85]

In seinem Bericht wies De Winton darauf hin, dass die Goldspekulationen und die *mineral possibilities* Swazilands übertrieben seien. Er sprach sich persönlich gegen eine britische Übernahme der Kontrolle über Swaziland aus und argumentierte, dass Matabeleland, mit einer Fläche von ungefähr dem Zehnfachen Swazilands, reich an Mineralien, viel mehr Chancen für kommerzielle und industrielle Entwicklung böte. Außerdem spräche Folgendes auch dagegen:

> The question then arises supposing the government of Great Britain takes over Swaziland, how is the government of the country to be carried on? Nearly all the available revenue of the country under these concessions will be in the hands of

[83] J.S.M. Matsebula, A History of Swaziland, Cape Town: Longman, 1972, S. 116

[84] De Winton Report, C.6201

[85] s. J.S.M. Matsebula, op.cit., 1972, S. 117

> the South African Republic, and unless they are purchased there will be an "imperium in imperio", a state of affairs which could only lead to endless complications between the two governments.[86]

Unter den folgenden Bedingungen wäre für De Winton eine Übernahme Swazilands durch die S.A.R. denkbar: alle Europäer müssten die gleichen Rechte haben, ein adäquater Schutz für die britischen Interessen müsste gewährleistet sein, ferner müssten alle Verträge mit den Swazis zunächst die Zustimmung Großbritanniens erhalten. Ein Gericht zur Überprüfung der Konzessionen müsste eingesetzt werden, die Regierung der S.A.R. müsse alle Gebietsansprüche nördlich und westlich des Transvaals aufgeben und der Verlängerung der Kap- und Nataleisenbahnlinie in den Transvaal zustimmen. Dafür würde er empfehlen, dass die S.A.R. ihrerseits auch eine Eisenbahnlinie durch Swaziland sowie einen Hafen an der Ostküste erhalten solle. Kosi Bay würde die S.A.R. erst bei Eintritt in die Zollunion mit einer oder mehreren Kolonien erhalten. Der De Winton Report diente als Verhandlungsgrundlage für die Erste Swaziland Convention von 1890. *The Report gives every impression of having been written long before de Winton set foot in Swaziland.*[87]

De Wintons Empfehlungen kamen nicht von ungefähr. Noch bevor De Winton Swaziland betrat, führte er in Cape Town Gespräche mit Sir Graham Bower, dem Acting High Commissioner, dem Cap Premier Sir Gordon Sprigg und Cecil Rhodes. So kam er zu der Erkenntnis, dass die Swazilandfrage *a very important key as regards many of the larger issues of our South African policy [(secret) De Winton to Knutsford, 28 October 1889, In: Mashasha, S. 165]*

Die Reaktionen auf den De Winton Report in Großbritannien sollten nicht ausbleiben. Es wurde darauf hingewiesen, dass allein in die swazi *mining companies* £3.000.000 investiert waren, dass der Handel mit Swaziland sich

[86] Arold Napier Boyce, The Swaziland Concessions and their Political Consequences, 1876-1908, Dissertation (M.A.), University of South Africa, 1946, S. 38

[87] Francis J. Mashasha, The Road to Colonialism: Concessions and the Collapse of Swazi Independence, 1875-1926, Thesis (D.Phil.), University of Oxford, 1977, S. 180

jährlich auf £100.000 belaufe, und dass sich Swaziland am Anfang eines viel versprechenden Booms befände. Die Aborigines Protection Society wies das Colonial Office auf Artikel 2 der London Convention von 1884 hin und forderte *assistance* für die Swazis. Und selbst die Imperialisten in England sprachen sich dahingehend aus, wenn schon Großbritannien Swaziland nicht haben möchte, dann sollte es doch mindestens seine Unabhängigkeit bewahren, statt es an die Buren herzuschenken. Schließlich entschied sich die britische Regierung für die *dual control* und somit gegen De Wintons Empfehlung.

C.5 Völkerrechtliche Evaluierung

In der Beurteilung der Jahre 1880 bis 1889 fällt auf, dass Swaziland dank der Pretoria (1881) und London Convention (1884) unabhängig blieb. Der Artikel XXIX. der Pretoria Convention besagte, dass

> The independence of the Swazis, within the boundary line of Swaziland, as indicated in the first Article of this Convention, will be fully recognised.

Auch Artikel XII der London Convention bestätigte die Unabhängigkeit der Swazis noch einmal im gleichen Wortlaut:

> The independence of the Swazies, within the boundary line of Zwaziland, as indicated in the first article of this Convention, will be fully recognised.

Dadurch wurde Swaziland mit dem Jahre 1881 zur britisch-burischen Einflusssphäre. Zwar hatte König Mbandzeni aufgrund der Situation der Weißen im eigenen Land die Briten mehrfach um Protektorat gebeten, es aber nicht bekommen. Belegt nur durch die Familienchronik der Forbes Familie findet sich auch ein Hinweis, dass Großbritannien zwar das Protektorat angeboten hatte, aber unter der Bedingung der Kostenbeteiligung der Swazis. Fakt ist, ein Protektoratsvertrag wurde in den 1880er Jahren nie geschlossen. Stattdessen sicherten die Briten und Buren per Convention den Swazis die Unabhängigkeit vertraglich zu. Rechtlich könnte dies zur Folge gehabt haben, dass dadurch per Vertrag die Souveränitätsrechte an die Swazis übergingen. Erst dadurch konnte Mbandzeni später einen Teil seiner inneren Souveränität an die Weißen in Swaziland abtreten. Mit der White Charter vom 1. August

1888 hatte er eine Art von Weißenstaat in seinem eigenen geschaffen und alle Staatsgewalt über die weiße Bevölkerung an das Weiße Komitee abgetreten. Ferner hatte er durch die exzessive Konzessionenvergabe an die Weißen sein Land, seine eigene swazi Bevölkerung jedweder Wirtschaftskraft beraubt, auch wenn er keine Eigentumsrechte sondern nur Pacht- und Niesbrauchrechte übertragen hatte. Swaziland war mit dem Jahr 1889 ökonomisch in überwiegend burischer aber auch britischer Hand, rechtlich immer noch unabhängig.

Die *Kohabitation* der weißen und schwarzen Bevölkerung in Swaziland wäre als solche nicht unbedingt als konfliktreich zu erachten gewesen. Alle Zuständigkeiten in legislativer, exekutiver und judikativer Hinsicht, sowie die gesamte Administration waren zwischen Schwarz und Weiß getrennt. Der eigentliche Konflikt bestand im politischen Konflikt der beiden weißen Regierungen. Durch das Engagement der Republik im Konzessionenerwerb in Swaziland wurde diese Kluft noch vergrößert. Spätestens am 3. Mai 1889 war klar, die S.A.R. wollte Swaziland um jeden Preis. Um ihre Ansprüche an Swaziland zu stützen, machten die Buren ihre Ansprüche, die aus den Konzessionen resultierten, gegenüber den Briten geltend. Während Großbritannien keine einzige Konzession in Swaziland erworben hatte, war die Republik Inhaberin der wichtigsten Monopole und Konzessionen in Swaziland. Es ist anzunehmend, dass dadurch die S.A.R. versuchte, mittels Besitz, durch Ersitzung, ihren Titel an Swaziland geltend zu machen.

D Swaziland in der ersten Hälfte der 1890er Jahre

D.1 Die Swaziland Convention von 1890: *Concessions Court* und *Triumvirate Government*

Am 6. März 1890 lud Kruger Sir Henry Loch[88], zu Gesprächen am Blignaut's Pont, im Süden Transvaals an der Grenze zur Kapkolonie, ein. Er schlug ihm vor, Cecil Rhodes mitzubringen. Am 12. März 1890 fand das Treffen statt, mit Rhodes, der zu jenem Zeitpunkt schon die *royal charter* erhalten hatte (siehe D4). Sie diskutierten die *Swaziland Question*, wobei sie sich darauf verständigten, dass beide Nationen weiterhin die Unabhängigkeit Swazilands anerkennen würden, sowie den Swazis das Recht einräumten, diesen Vorschlägen zuzustimmen. Ferner forderte Loch von Kruger die Aufgabe aller Territorien nördlich und nordwestlich des Transvaals. Trotzdem war Loch im Gegenzug nicht dazu bereit, der Republik die Souveränität über Swaziland zu überlassen. Loch machte klar, dass Krugers Rückzug im Norden nichts mit Swaziland und Tongaland zu tun hätte. Krugers Bereitwilligkeit, der *South African commercial union* beizutreten, die Zollunion mit dem Kap und dem Oranje Freistaat einzugehen, sowie die Schaffung einer gemeinsamen Freihandelszone, würde ihm für die Eisenbahnlinie nach Kosi Bay nützlich sein. Dafür stellte Loch Kruger einen Streifen Land in Swaziland und Tongaland für seine Eisenbahn bis zur Kosi Bay in Aussicht. Lochs Vorschläge waren für Krugers *executive council* nicht akzeptabel. Daher schickte Sir Henry Loch im Juli 1890 J.H. Hofmeyer in Begleitung seines Sekretärs Johannes Smuts nach Pretoria, um Kruger und seine Regierung zu überzeugen, die Bedingungen der ersten Swaziland Convention anzunehmen, und den Vertrag zu unterzeichnen. Loch hatte Hofmeyer angewiesen, Konzessionen zugunsten der S.A.R. notfalls machen zu können, insbesondere darin, dass über die Bedingungen wieder erneut weiterverhandelt werden könnte. Der Volksraad weigerte sich zunächst, dem Vertrag zuzustimmen, stimmte dann aber zu unter der Prämisse, dass die Convention *under duress, a conditional*

[88] Henry Brougham Loch, 1st Baron Loch (1827-1900), von 1889 bis 1895 Sir Hercules Robinsons Nachfolger als High Commissioner for Southern Africa

ratification wäre. Ein Abgeordneter der Volksraads bezeichnete die Position der Republik so:

> The Republic was in the position of a man accosted by a robber, who said he would cut his throat if he did not hand over the money…[89]

Die *First Swaziland Convention* wurde erst am 2. August 1890 von Paul Kruger nach der Zustimmung des *executive councils* und des *Volksraads* unterzeichnet. Die Ratifizierung fand kurz vor Ablauf der Amtszeit der provisorischen Regierung in Swaziland statt. Die Erste Swaziland Convention erkannte die Unabhängigkeit Swazilands an. Sie verlängerte die Amtszeit des provisorischen Regierungskomitees, um die Angelegenheiten der Weißen in Swaziland zu verwalten. Ferner sollte ein permanentes Regierungskomitee eingesetzt werden, mitsamt der nötigen Administration und einem *chief court.* Am 18. September 1890 sollte die Amtszeit der provisorischen Regierung ablaufen. Bevor die *Convention* jedoch in Kraft treten konnte, musste die Zustimmung der Swazis eingeholt werden.

Die *Organic Proclamation* vom 13. September 1890 ist höchstwahrscheinlich[90] das Werk Offy Shepstones. Sie legalisierte die Implementierung der Ersten Swaziland Convention von 1890 in Swaziland. Bis heute ist umstritten, ob König Bhunu persönlich oder Offy, die *Queen Regent* oder ihr *senior indvuna* Mgoqo den Vertrag unterschrieben hatten. Mit der *Organic Proclamation* vom 13. September 1890 wurde die Errichtung der *permanent joint administration,* die aus einem Regierungskomitee bestehend aus drei europäischen Vertretern, einem Regierungssekretär, einem Schatzmeister, sowie einem Gericht mit *roman-dutch law* bestehen sollte, proklamiert. Das Gericht sollte über alle Streitigkeiten unter den Europäern im Land Recht sprechen. Ferner sollte es die Streitigkeiten über die Konzessionen klären. Artikel 2h der *Convention* sah vor:

---

[89] Francis J. Mashasha, The Road to Colonialism: Concessions and the Collapse of Swazi Independence, 1875-1926, Thesis (D.Phil.), University of Oxford, 1977, S. 190

[90] s. Mashasha, S. 192: "(…) there can be little doubt that, with the possible exception of the proclamations of […] and 18 December 1889, all the Organic Proclamations, including the very important one of 13 September 1890, were purely his [Offy Shepstone's] own work.

> [...] the Chief Court to undertake judicial inquiry into the validity of disputed concessions so soon as the Swazi Government shall have framed and proclaimed a list of those concessions it approves of.[91]

Der Concessions Court prüfte die Gültigkeit der Konzessionen und befand, dass von den 364 Konzessionen 352 Gültigkeit hatten. Der Fall der *Unallotted Land Concessions(133L) [siehe C2.4 J.Thorburn]* warf Fragen auf, die viele Jahre später Professor Matsebula wieder aufgegriffen hatte. Warum hatte das Konzessionengericht die Konzession für rechtmäßig erklärt, obwohl der Zeuge, ein A.O. Gould am 7. Juni 1889 aussagte, er hätte diese Konzession niemals bezeugt?

Als Grund gab Gould an, er wäre damals erst zwei Tage nach Mbandzenis Tod nach Swaziland gekommen und hätte somit niemals die Konzession vor dem König bezeugen können. Dubios, auch weil er noch für mindestens zwei weitere Konzessionen als Zeuge eingetragen war. Wie konnte also das Konzessionengericht die Legalität dieser Konzession bestätigen? Mit der Konzession erhielt Thorburn (siehe C2.4) 1.334.562 acres Land, ungefähr ein Sechstel der damaligen Fläche des Landes. Die Vermutung liegt nahe, dass der Concessions Court Anweisungen erhalten hatte, alle Konzessionen für rechtens zu erklären.

Offy Shepstone erließ am 29. November 1890 eine weitere *Organic Proclamation,* die besagte, dass der Chief Court, bzw. Shepstone selbst, die Macht habe zu entscheiden, ob eine Konzession *"whether it be upon the approved list or not, and whether it be disputed or not, to be a valid grant"*[92].

Das Komitee des Tripartite oder Triumvirate Government bestand aus Colonel Martin für Großbritannien, D.J. Esselen für die S.A.R. und Offy Shepstone für Swaziland. Shepstones Sekretär, William Penfold, war der Regierungssekretär. Shepstone, dank der großzügigen Bezahlung für die Vermittlung und Anerkennung aller Konzessionen durch die S.A.R. längst auf deren Seite, hatte zusammen mit Esselen die Regierung inne. Einerseits führte das

[91] Swaziland Convention 1890, Article 2h, In: Boyce, S. 42

[92] Francis J. Mashasha, The Road to Colonialism: Concessions and the Collapse of Swazi Independence, 1875-1926, Thesis (D.Phil.), University of Oxford, 1977, S. 195

Triumvirate zum ersten Mal eine Art von *Civil Service* für Swaziland ein und erhob Steuern unter den Weißen, andererseits machte sich auch eine Art Anarchie in Swaziland breit:

> The situation in Swaziland at this time was grotesque. While Esselen and Esser were telling the Whites, especially the Boer grazers, to make the life of the Government Committee impossible by refusing both to pay taxes and by claiming refunds for taxes already paid, they, at the same time, refused to allow the refund to the Swazi of money they had paid when obtaining "Passes". It was none other than the redoubtable Dr. Esser himself who gave it as his considered legal opinion that Shepstone's claim on behalf of the Swazi, for the refund of the "Native Pass Revenue" should be rejected.[93]

Offy Shepstone, dem die S.A.R. eine Zahlung von £ 10.000 in Aussicht gestellt hatte, wenn die Swazis eine *Organic Proclamation* unterschreiben würden, die die Annektierung Swazilands durch die Republik akzeptieren würde, versuchte nun auch unter den Swazis Zwist zu schaffen. Der Ausbruch eines möglichen Bürgerkriegs hätte dem Transvaal den nötigen Grund für eine militärische Intervention gegeben. Dafür liefen Offy und seine Freunde, insbesondere ein gewisser John Gama, herum und verbreiteten, dass Mbandzeni alles Wertvolle im Lande an die Republik verkauft hatte. Die Swazis selbst hätten nur noch wenig Land für sich selbst. Dann versammelte Offy alle *principal chiefs* und *headmen* bei sich und ließ sie folgendes wissen:

> (...) that the English government were about to retire having thrown away the Swazis: that it was no good to think of the English any more: that within a month the nation would be left entirely in his (Shepstone's) hands and he recommended them to throw themselves into the arms of the Transvaal and give themselves over to [Kommandant Generaal] Piet Joubert who was their friend...[94]

Die gewünschte Reaktion blieb aus, und Offy verlor seine Glaubwürdigkeit, nicht nur bei den *headmen,* sondern auch bei der *queen regent.* Offy wurde beschuldigt, gegen die Interessen der Swazis mit den Buren konspiriert zu haben. Dennoch sollte er bis August 1894 dem Triumvirate Government angehören.

---

[93] Francis J. Mashasha, The Road to Colonialism: Concessions and the Collapse of Swazi Independence, 1875-1926, Thesis (D.Phil.), University of Oxford, 1977, S. 206

[94] Ibid., S. 209

D.2 Die Interessenlage der Südafrikanischen Republik: Krugers Eisenbahn, Hafen und der Weg zum Meer

Paul Kruger (left), president of the Transvaal, was known to be determined to "protect" Swaziland into his Boer-run domain, as shown by a political cartoon printed at the time.

[Abbildung aus: Ettagale Blauer, Jason Lauré, *Swaziland,* New York: Grolier, 1996, S. 26]

Die Südafrikanische Republik hatte sich, zumeist über Mittelsmänner, zahlreiche Konzessionen in Swaziland gesichert. König Mbandzeni gewährte der S.A.R. unter anderem das Recht, Zölle und Lizenzen zu erheben, Telegraphen zu bauen, sowie die Postdienste zu betreiben. Im Jahr 1889 erhielt die Republik die *Private Revenue Concession* und somit das Recht, alle Einkünfte des Königs aus seinen Konzessionen einzutreiben. Ferner gestattete ihr Mbandzeni, eine Eisenbahn durch Swaziland zu bauen. Dies war für die Südafrikanische Republik äußerst wichtig, denn Großbritannien kontrollierte die gesamte Küste von der Mündung des Oranje Flusses bis nach Mozambique. Lediglich ein kleines Gebiet zwischen Zululand und Delagoa Bay, Tongaland, war noch unabhängig. Dort, in der Kosi Bay, wollte Präsident Kruger seinen Hafen bauen. Vom Hafen aus sollte eine Eisenbahnlinie, quer durch Swaziland, in den Transvaal führen.

Bereits 1875 hatten sich Portugal und der Transvaal mit dem Protokoll zur *Transvaal-Mozambique Convention* gegenseitig verpflichtet, eine Eisenbahnstrecke von Lourenco Marques ins Zentrum des Transvaals zu bauen. Portugal sicherte eine Kostenübernahme über die Hälfte der geplanten Kosten der Linie zu, stellte das nötige Land zur Verfügung und gewährte für fünfzehn Jahre zollfreien Import von Eisenbahnmaterialien. Transvaal hingegen fand wenig Unterstützung in Amsterdam und konnte seine Hälfte am Eisenbahnbau nicht finanzieren. Als Ausweg aus diesem finanziellen Dilemma entschied der Volksraad eine *Railway Line Tax* einzuführen, die jede Farm im Transvaal zu bezahlen hätte. Auch aus Lissabon sollten die notwendigen Gelder ausbleiben, und so traten die Portugiesen die Eisenbahnkonzession an einen amerikanischen Financier namens McMurdo ab. McMurdo gründete 1887 in London die Delagoa Bay and East African Railway Company. Unter der Bedingung, dass in einer Einhundertkilometerzone auf beiden Seiten der geplanten Strecke keine Konkurrenzlinie gebaut würde, sollte McMurdo die Bahnlinie bis an die Grenze des Transvaals bauen. Im Gegenzug sollte seine Gesellschaft die Rechte erhalten, die Transportpreise festzusetzen. Transvaal trat seinerseits seinen Anteil am Bau der Eisenbahnstrecke an ein holländisch-deutsches Syndikat ab, das die Strecke vom Rand nach Komaatiport bauen sollte. McMurdos Geldgeber waren größtenteils Briten, und so sah Kruger einen potentiellen Konflikt bei McMurdos Preisfestsetzung für die Transportpreise. Er forderte daher, um Eisenbahnmaterialien in den Transvaal zu transportieren, eine parallele *tramway* Linie parallel zu McMurdos Linie. Portugal stimmte zu und McMurdo und seine Geldgeber stellten vorerst den Eisenbahnbau ein. Die portugiesische Version lautete, dass McMurdo die Linie nicht in der vertraglich vereinbarten Zeit errichtete, und Portugal deshalb, wohl auch unter Druck von Seiten des Transvaals, die Konzession annullierte. Portugal arbeitete nun am Streckenabschnitt Lourenco Marques – Komatipoort, der 1889 fertiggestellt wurde.

Die im Juni 1887 gegründete *Netherlands South African Railway Company* übernahm den Streckenabschnitt vom Witwatersrand bis nach Komatipoort. Die gesamte Strecke von Pretoria bis Lourenco Marques wurde erst am 2.

November 1894 fertiggestellt und am 8. Juli 1895 für den Verkehr geöffnet. Sie erstreckt sich von Pretoria via Witbank, über die Kohlevorkommen von Middleburg und Machadodorp weiter über Nelspruit nach Komatipoort bis Lourenco Marques.

1890 geriet die *Netherlands South African Railway Company* in finanzielle Schwierigkeiten und brauchte finanzielle Unterstützung aus der Kapkolonie. Im Gegenzug musste der Transvaal den Anschluss der Port Elisabeth Linie an die Transvaalstrecke genehmigen. Dieser wurde 1892 geschaffen, und bis zur Eröffnung der Lourenco Marques-Pretoria Strecke hatte die Port Elisabeth-Linie faktisch das Monopol auf den gesamten *Rand trade.*

Dennoch, Kruger wollte eine Eisenbahnlinie zu einem eigenen Hafen und nicht nur, wie im Falle von Lourenco Marques, zu einem portugiesischen Hafen. So verhandelte die Südafrikanische Republik im Jahre 1890 mit den Swazis und Chief Umbegesa, um Land für eine Eisenbahnstrecke zu erhalten. Von den Zambaan und Umbegesa erhielt die S.A.R. einen Streifen Land, bei den Swazis arrangierte Offy Shepstone, dass die Republik einen 3 Meilenstreifen durch Swaziland erhielt. In Tongaland wurde nichts unternommen, da es dadurch notwendig geworden wäre, der Zollunion beizutreten, da Tongaland seit 1887 als britische Einflusssphäre galt. Der Beitritt der Customs Union hätte für die Republik zum einen eine Abhängigkeit von den Kolonien an der Küste bedeutet, zum anderen eine Einbuße der Einnahmen durch die Zölle. Für Kruger stand fest, er würde erst dann einer Zollunion beitreten, wenn er einen Hafen für die Republik erhalten hatte.

> [...] no Customs Union without a port of my own. [...] The Executive Council's decision in April 1893 that the Republic should not join a Customs Union before acquiring "an efficient and serviceable harbour" meant that the mere possession of a seaboard was not enough: The Republic must have a usable harbour and presumably a railway to serve it as well.[95]

Im Dezember 1884 hatte Großbritannien die St. Lucia Bay annektiert und so blieb nur noch ein kleiner Küstenabschnitt an der Südostküste Afrikas, der

[95] Noel George Garson, *The Swaziland Question* and *A Road to the Sea, 1887-1895,* In: Archives Year Book for South African History, Cape Town: Cape Times Ltd., 1957, S. 401

noch nicht von Briten oder Portugiesen besetzt war, jedoch aber schon als britische Sphäre galt: Tongaland. Tongaland wurde von Königin Zambili regiert und dominierte die *chieftainships* der Zambaan und Umbegisa. Gerade als im Frühjahr 1887 Schwierigkeiten mit der Lourenco Marques-Johannesburg-Linie auftauchten, wurde Kruger auf die Alternative Kosi Bay in Tongaland hingewiesen. Kruger schickte Gesandte aus, um sich im Pongolastreifen und in Tongaland seine Eisenbahnrechte zu sichern. Nach langen erfolglosen Verhandlungen, gelang es Kruger im Jahr 1890, von Chief Umbegesa und den Swazis Land für seine Eisenbahnlinie zu erhalten. In Tongaland selbst geschah vorerst nichts. Kosi Bay sollte sich über die kommenden Jahre als Illusion darstellen, oder wie die Buren selbst sagten, als "een doodgeboren kind", denn die ersten Ingenieure der Firma Lewis und Marks, die Kruger beauftragt hatte, Kosi Bay zu inspizieren, rieten von Kosi Bay als möglichen Hafen für die S.A.R. ab. Im April 1893 in Colesberg, beim Zusammentreffen mit Loch, äußerte Kruger schon:

> If the Convention over Swaziland is completed, I shall approach you on the other points myself. If, for example, I cannot use Kosi Bay, I will look for a better place to obtain a port.[96]

Solche Alternativen sollten der Katembe Pier in der Delgoa Bay oder die Sordwana Bay sein. Letztendlich, mit dem Jahr 1895 musste Kruger feststellen, dass er wohl außer Swaziland nichts bekommen würde:

> Swaziland was nothing save a way to the sea. And now they no sooner give it me than they take away altogether the only thing that made it worth having – the way to the sea. [97]

Kruger war erbost, der *bargain* mit den Briten war Meerzugang gegen Zollunion, und nicht nur der bloße Weg zum Meer, sondern in Form eines tatsächlichen Hafens. Er hatte sein Wort gehalten, die Briten nicht.

---

[96] R.A. 3319/95, In: Noel George Garson, *The Swaziland Question* and *A Road to the Sea, 1887-1895,* Archives Year Book for South African History, Cape Town: Cape Times Ltd., 1957, S. 404

[97] Ibid., S. 407

D.3 Die Interessenlage der Briten

Zunächst bestand nach der London Convention von 1884 für die Briten keine weitere Notwendigkeit, eine Entscheidung hinsichtlich Swazilands zu treffen. Buren und Briten garantierten beide den Swazis die Unabhängigkeit und so hielten sich die Briten weitgehend aus den Angelegenheiten im Land heraus. Die Situation änderte sich mit dem Jahr 1889, mit dem Tod König Mbandzenis. Das "Nicht-Handeln" in Sachen Swaziland bedeutete nicht, dass die britische Politik nicht nach einer Lösung für Swaziland suchte oder bereits gefunden hatte. Ein wichtiger Entscheidungsträger war Sir Hercules Robinson. Bonner datiert Sir Hercules Entscheidung, *not assuming control over Swaziland* auf Ende 1886:

> Sometime towards the end of 1886 the High Commissioner, Robinson, had lost patience with the equivocations of the British government or Mbandzeni, and came down firmly against the idea of the British assuming control. In a memorandum written to the Secretary of State, Stanhope, in October of that year, he argued that the British were under no treaty obligation to maintain the independence of the Swazi, and would find it extremely difficult for them to control. The British government should therefore reconsider its attitude to the likely alternatives, which were an independent digger or grazier Republic, or eventual annexation to the Transvaal.[98]

Schreuder hingegen fand bereits in einem Brief von Sir Hercules an Lord Derby[99] vom 8. Mai 1885 den Hinweis darauf, dass Großbritannien die *Zambesia question* als *safety valve* für die Buren halten sollte, um sie aufzuhalten, durch Swaziland an die Küste des Indischen Ozeans zu expandieren. Schreuder kommentiert im Folgenden:

> This private letter, from Sir Hercules Robinson to Lord Derby, is of much interest: it shows that it was Robinson, not Rhodes, who first placed the question of the future of "Zambesia" before the Colonial Office; and it was Robinson who advocated that it be kept open as a "safety valve" for pent-up Transvaal expansionist spirit. This would divert the Boers from pressing towards the coast; and it

[98] Philip Bonner, Kings, Commoners and Concessionaires, Cambridge: Cambridge University Press, 1983, S. 196

[99] Frederick Arthur Stanley, Earl of Derby (1841-1908), vom 24. Juni 1885 bis zum 28. Januar 1886 Secretary of State for the Colonies

would allow them to expand safely onto what he considered to be lands of no great strategic value.[100]

Im Brief fragte Robinson Lord Derby: *if you will let me know whether the incorporation of this strip within the new British Protectorate is intended*[101]. Den Streifen Land, den er meint, beschreibt ein Territorium 20 Meilen nördlich des Lipopos von der Transvaalgrenze bis zur portugiesischen Grenze, sowie einen schmalen Streifen Matabelelands, den er für Lord Derby auf einer Karte einzeichnete.

Da somit für die Briten auf der einen Seite der Waage Swaziland, auf der anderen Seite der Norden des Limpopo in der Waagschale lag, war bereits seit 1885, vielleicht sogar schon seit der London Convention 1884, – die die S.A.R. lediglich der Expansion nach Osten und Westen beschnitt –, klar, dass Großbritannien sich nicht für Swaziland entscheiden würde. Swaziland käme weder als Kolonie, noch als Protektorat für die Briten in Frage. Andererseits müsste der britische Einfluss auf Swaziland so lange gewahrt werden, bis Großbritannien seine Gebietsansprüche im Norden gesichert hatte.

Im Colonial Office teilten allerdings nicht alle die Meinung Sir Hercules Robinsons. Die Liberalen wie Lord Ripon[102], auch Gladstone selbst, standen ab August 1892 unter dem Druck der Öffentlichkeit. Handelskammern, die Aborigines Protection Society, Vertreter von swazi Firmen, sogar die eingefleischten Imperialisten protestierten gegen eine mögliche Abtretung Swazilands an die Buren.

Dies bedeutete, dass Swaziland nicht leichtfertig an die Buren abgetreten werden konnte, geschweige denn, dass die S.A.R. mit stillschweigender Zustimmung durch die Briten Swaziland annektieren könnte. Großbritannien hatte nicht nur die Pflicht, ihren eigenen Staatsbürgern in Swaziland, sowie deren Firmen dort Schutz zuzusichern, sondern es hatte auch die "öffentli-

[100] Deryck Marshall Schreuder, The Scramble for Southern Africa, 1877-1895, Cambridge: Cambridge University Press, 1980, S. 521

[101] Ibid., S. 521

[102] George Frederick Samuel Robinson, 1st Marquess of Ripon (1827-1909), von 1892-1895 Secretary of State for the Colonies

che" Pflicht, die Swazis vor burischer Herrschaft zu bewahren. Daher forderte die Aborigines Protection Society, dass Swaziland britisches Protektorat werden sollte.

Andererseits war dem Colonial Office der wichtige Aspekt Swazilands in Form eines Tauschobjekts gegen "*the North*", die freie Hand im Norden jenseits des Limpopos, bewusst:

> Sir Robert Herbert, the Colonial Under-Secretary in Britain, was the first official to canvass the idea of trading off Swaziland for a free hand in the north, in a conversation with van Bylandt, the Dutch ambassador in Britain…[103]

Die Unterredung zwischen van Bylandt und Sir Robert Herbert fand im März 1889 statt. Im April 1889 ging Sir Hercules Robinson, der High Commissioner (unfreiwillig) in den Ruhestand. Am 3.Mai 1889 machte Kruger seine berühmte *friendly offer.* Im Dezember 1889 trat Sir Hercules dem De Beers Vorstand bei. Es kann vermutet werden, dass der Tausch "Zambezia gegen Swaziland" unter Cecil Rhodes, Sir Robert, Sir Hercules und Präsident Kruger Anfang 1889 schon vereinbart war, wenn nicht sogar schon in den Jahren 1884 oder 1885. Vorsichtig ausgedrückt kann also angenommen werden, dass Cecil J. Rhodes an der Entscheidungsfindung zur *Swaziland Question* beteiligt war. Wieweit er seine persönlichen Interessen durchsetzen konnte, und wen er für diese gewinnen konnte, dies soll das folgende Kapitel D4 aufzeigen.

D.4 Die Interessenlage Cecil Rhodes

Rhodes Hauptanliegen in den 90er Jahren war die freie Hand Großbritanniens im Norden, nördlich des Limpopo Flusses. Im Gegenzug war er bereit, Kruger den Zugang zum Meer durch Swaziland, zu ermöglichen. Cecil Rhodes war seit dem 17.Juli 1890 Premierminister der Kapkolonie dank Unterstützung des *Afrikaner Bond* unter J.H. Hofmeyr. Rhodes erklärtes Ziel war die Verbindung des Kaps mit Cairo, wobei hinter dem politisch-imperialistischen Gedanke *to paint the Africa map red* klare ökonomische

[103] Philip Bonner, Kings, Commoners and Concessionaires, Cambridge: Cambridge University Press, 1983, S. 204

Interessen standen, nämlich unter anderem in Form eines Transportmonopols auf die Eisenbahnstrecke vom Kap bis nach Cairo, sowie die Ausbeutung der Bodenschätze der Territorien zwischen Kapkolonie und Ägypten. Hatte Rhodes zunächst an eine Expansion der Kapkolonie zum Zambezi gedacht (*South African Policy)*, bei der er die Grenzen im Norden zu den Belgiern und Portugiesen "variieren" wollte, so folgte schnell Uganda, als weiterer Schritt auf seiner *all-red route.* Doch trotz aller kühnen Pläne, ein Haupthindernis lag schon kurz vor Rhodes Haustür: die Südafrikanische Republik, die seit der Pretoria Convention 1881 wieder fest in burischer Hand war. Diese und insbesondere ihr Präsident, Paul Kruger, waren Rhodes ein Dorn im Auge, musste er doch aufgrund aller Unversöhnlichkeiten mit ihm, sowie den gescheiterten Verhandlungen bei Eisenbahn- und Zolltarifen, den Umweg seiner Kapeisenbahn nach Mafeking hinnehmen.[104] Zudem behinderte Kruger Rhodes in seiner *United States of Africa* Politik, seiner Konföderationspolitik unter Führung der Kapkolonie. Größte Ärgernisse für Rhodes waren die von Krueger tolerierten *treks* seiner *trekboers* vom Transvaal aus gen Norden, die keinen Bruch der Pretoria (1881) und der London Convention (1884) darstellten, da dort lediglich Übergriffe nach West und Ost untersagt waren. Zwei Afrikanerrepubliken, Stellaland und Goshen, machten 1882 den Anfang, später sollte der Adendorff trek (1889) und der Bowler's trek (1890) folgen, die Rhodes erheblich in seinem Engagement im Norden behinderten. Rhodes drängte den britischen High Commissioner und Kapgouverneur, Sir Hercules Robinson, Robert Moffats Sohn, John Moffat, zu beauftragen, zwischen König Lobengula und der britischen Regierung einen Freundschaftsvertrag auszuhandeln, der die Ndebele unter britische Souveränität (*imperial sovereignty)* stellen würde. Parallel dazu schickte Rhodes seinen Freund und Kompagnon Charles Dunnell Rudd zu Lobengula, um das Monopol *für* die *mineral concessions* zu erwerben, das ihn dazu ermächtigen würde, künftig

[104] Seit 1884 und dem Eintreffen der Deutschen im südwestlichen Afrika verlagerte sich der Schwerpunkt der Briten auf die Ostseite Afrikas mit Cairo als erklärtem Ziel. Rhodes befürchtete, dass die Deutschen gemeinsam mit der S.A.R. den Briten den Weg in den Norden abschneiden könnten.

alleine alle Mineralien Matabelelands auszubeuten.[105] Nicht ohne Schwierigkeiten, die anderen Bittsteller mussten dazu ausgestochen werden, sollte er dieses Monopol bekommen, woraufhin die britische Regierung am 29. Oktober 1889 der British South Africa Company (BSAC) die *Royal Charter* verlieh, *to exploit and extend its administrative control over a vast, if ill-defined, area of southern and central Africa. [Oxford DNB, Rhodes, S. 14]* Die Charta gewährte der BSAC nicht nur den Abbau der Mineralien, sondern auch das Recht, Handel zu betreiben, Banken zu etablieren, Land zu erwerben und zu verteilen, die Einwanderung zu kontrollieren, Polizei aufzustellen, sowie ein Fernmeldewesen zu errichten. Dies allerdings erst nach Zustimmung König Lobengulas, der sich zunächst weigerte. Im April 1889 hatte Rhodes schon angefangen, eine Pionierkolumne in Mafeking zusammen zu stellen, während er seinen Freund Leander Starr Jameson zu Lobengula nach Bulawayo schickte, um diesem die Unterschrift abzuringen. Jameson erhielt sie mit einem "Trick": er gab vor, er suchte Lobengulas Zustimmung zum Graben eines Schachtes. Nach London wurde mitgeteilt, Lobengula habe Jameson die Charta unterschrieben, sie trat unverzüglich in Kraft, und die britische Regierung erkannte die BSAC endgültig an. Der Adendorff trek, geplant von Pionieren aus dem *Waterberg district* im Transvaal unter ihrem Führer Adendorff mit Ziel Mashonaland, kreuzte Cecil Rhodes Pläne. Rhodes protestierte:

> "You cannot allow a single Boer to settle across the Limpopo," he told the Imperial Secretary, "until our position in the north is secure." [Lockhart, Woodhouse: Rhodes, S. 181]

Sir Henry Loch, der Nachfolger Robinsons als High Commissioner, protestierte bei Kruger. Alle drei trafen sich am 12. März 1890 am Blignaut's Pont zu Gesprächen. Ein Ergebnis des Gesprächs war für Rhodes, dass Kruger den Adendorff trek stoppte und zusagte, die Charter (BSAC) nicht zu behindern. Das gemeinsame Ergebnis für Großbritannien und die S.A.R. war die erste Swaziland Convention von 1890, sowie eine vage Zusage Lochs für Krugers Eisenbahn und Hafen in der Kosi Bay. [siehe D1] Am 27. Juni 1890

[105] Diese gingen in die Literatur als *Rudd concessions* ein

marschierten 200 Pioniere und 700 Mann der British South Africa Police ins Matabeleland ein. Lobengula wunderte sich noch, wozu es so vieler Männer bedurfte, um einen Schacht zu graben, und protestierte. Die Männer zogen an Bulawayo vorbei und ließen sich weiter nördlich nieder, befestigten den Ort und nannten ihn Salisbury (das heutige Harare). Matabeleland sollte für Rhodes nur die erste Etappe seines Weges nach Norden darstellen, nun, da er schon in Salisbury war, sollte die nächste Etappe die an den *Copper Belt* sein.

Es kann stark angenommen werden, dass Rhodes Kruger benutzte, um die Expansion gen Norden durchzusetzen. Dieser *bargain* stand nicht erst seit Krugers *friendly offer* zur Diskussion, Rhodes hatte schon viel früher Krugers dringenden Wunsch nach einem *outlet* am Meer erkannt. Seine Strategie war, den Briten klarzumachen, dass sie Kruger warten lassen sollten, ihm den Hafen und die Eisenbahn samt Swaziland in Aussicht stellen sollten, aber erst dann Swaziland an ihn abzutreten, wenn Zambezia unter Dach und Fach sei. Rhodes Brief[106] an Sir Robert Herbert bestätigt diese Vorgehensweise. Rhodesien sollte erst im Mai 1895 "unter Dach und Fach" sein, nachdem L.S. Jameson auch hier einen Krieg gegen die Ndebele angezettelt hatte, bei dem König Lobengula in den Busch floh und starb.

Wie konnte ein Mann wie Cecil Rhodes die britische Außenpolitik für Afrika derart mitgestalten? Sicher ist, Rhodes hatte Fürsprecher in Afrika und im Colonial Office: der *permanent under-secretary of State for the colonies,* Sir Robert Herbert und der High Commissioner, Sir Hercules Robinson gehörten sicherlich zu diesen. Sir Robert war von 1871 bis 1892 Untersekretär für die Kolonien, Sir Hercules übte sein Amt von 1881 bis 1889 und von 1895 bis 1897 aus. Auch Albert Grey[107], der vierte Earl Grey of Howick, M.P. und seit 1886 im House of Lords, gehörte zu Rhodes Freundes- und Bekanntenkreis. So sollte der Earl von 1896 bis 1897 Administrator von Rhodesien werden, von 1898 bis 1904 dann Direktor der BSAC. Freilich genoss Rhodes

[106] Rhodes, miscellaneous papers, MSS Afr. T14 ff 113-118, Rhodes House Library
[107] Albert Grey, 4th Earl Grey (1851-1917)

selbst, spätestens mit seiner Ernennung zum Premierminister der Kapkolonie, einen gewissen Einfluss in London.

> "Every word Robinson [Sir Hercules] utters on this subject [i.e. Swaziland] is inspired", Eckstein confided to Porges, adding, somewhat heavy-handedly, "Sir Hercules has joined De Beers Board." By December 1889, therefore, Robinson was a kept man, and it seems highly probable that a less defined relationship of the same kind had existed as far back as 1884-5. With disinterested officials such as these, Swaziland stood in need of some powerful partisan support![108]

Auch nach Sir Hercules Weggang im Jahr 1889 musste Rhodes in seinem Nachfolger, Sir H.B. Loch, Unterstützung seiner Interessen gefunden haben. Dies bringt Alan R. Booth folgendermaßen zum Ausdruck:

> Mineral discoveries had also led to the rise of Cecil Rhodes by then Cape prime minister and Kruger's arch-rival in each of his expansionist aims. Rhodes's main concern by the 1890s was a free hand for Britain to the north in what subsequently became Rhodesia, and to secure that he was prepared to trade access to the sea, through Swaziland, to Kruger. That became the essence of the deal that was struck. In 1893 and 1894 negotiations between Britain and the Transvaal culminated by making Swaziland a "political dependency" of the Transvaal in the third Swaziland Convention of 1894. [...] Thus were the successive British guarantees of Swazi independence (1881, 1884, 1890) traded away in return for Rhodes's free access to Central Africa.[109]

Es mag nun der Eindruck erweckt worden sein, dass Rhodes und Kruger zwar Erzrivalen waren, aber durchaus in der Lage zu sein schienen, miteinander zu verhandeln, hier: Swaziland gegen die freie Hand im Norden. In Kapitel E1 wird aber noch dargestellt werden, dass Rhodes sich nicht nur für das Territorium nördlich des Transvaals interessierte, sondern auch für den Transvaal selbst.

D.5 Die Swaziland Convention von 1893

Seit der Unterzeichnung der ersten Swaziland Convention waren die Briten äußerst zögerlich, mit Kruger über die dauerhafte konstitutionelle Zukunft

[108] Philip Bonner, Kings, Commoners and Concessionaires, Cambridge: Cambridge University Press, 1983, S. 205-206

[109] Alan R. Booth, Swaziland, Tradition and Change in a Southern African Kingdom, Boulder: Westview Press, S. 16

Swazilands zu verhandeln. Kruger stand einer *South African commercial federation* ablehnend gegenüber, darüber hinaus war er nicht länger gewillt, seinen Zugang zum Meer unter den von Loch gestellten Bedingungen zu erreichen. Loch wollte die *Swaziland question* zuerst regeln, die *question of Republican access to the sea* sollte mit einer separaten Convention geregelt werden. Im April 1893 nahm Loch die Verhandlungen mit Kruger wieder auf, zunächst in Colesberg, im Juni dann in Pretoria. Mit der *Second Swaziland Convention* vom November 1893, erlangte die Südafrikanische Republik die Zusage der Briten zur Kontrolle über Swaziland. Doch zunächst musste die S.A.R. von den Swazis die Erlaubnis in Form einer *organic proclamation* einholen, mit der die Swazis den Buren das Recht auf Schutz, Rechtsprechung und Verwaltung erteilten, ohne jedoch Swaziland an die S.A.R. anzugliedern. Swaziland sollte somit ein Protektorat der Südafrikanischen Republik werden. In einer separaten Convention sollte dann die Hafen- und Eisenbahnfrage geregelt werden. Die zweite Swaziland Convention setzte die Erste Swaziland Convention von 1890 außer Kraft, bis auf die Artikel 10 und 24, in denen der Rückzug der Buren aus dem Norden und Nordwesten des Transvaals geregelt war. Artikel 2 der Zweiten Swaziland Convention befugte die Buren, in Verhandlungen mit den Swazis zu treten. Bei Zustimmung würde die Republik das Protektorat, die Swazis die Souveränität nach innen erhalten. Die Rechte britischer Bürger müssten dennoch anerkannt und geschützt werden, sie sollten die gleichen Rechte wie die *burghers* der S.A.R. haben. Auch müsste Englisch, genauso wie Holländisch in den Gerichten Swazilands zugelassen sein. Ferner wurde vertraglich vereinbart, dass die Monopole in Swaziland annuliert würden:

> No individual, or individuals, corporation or company shall have exclusive rights or privileges with regard to the imposition of or exemption from customs duties on goods.[110]

Ferner erklärten sich die Briten, der Eisenbahnbau in den Gebieten von Umbegesa und Zambili dürfte nur mit ihrer Zustimmung vorgenommen werden.

[110] Arold Napier Boyce, The Swaziland Concessions and their Political Consequences, 1876-1908, Dissertation (M.A.), University of South Africa, 1946, S. 79

Genaue Regelungen seinen allerdings in der separaten Convention vorgesehen.

Nun galt es zunächst, von den Swazis die Zustimmung zur 2. Convention zur erhalten. Offy Shepstone repräsentierte die swazi Regierung in den Vertragsverhandlungen. Er war überzeugt, dass er die Swazis dazu bringen könne, die *organic proclamation* zu unterschreiben. Die Swazis schickten jedoch eine Delegation zu seinem Bruder, H.C. Shepstone, dem *secretary for native affairs* in Natal, um ihn um Unterstützung zu bitten, sowie, um sich bei ihm die Erlaubnis geben zu lassen, eine Delegation zur Königin von England zu schicken. Loch, der *High Commissioner* am Kap, empfing ebenfalls eine Delegation der Swazis. Bis August gelang es H.C. Shepstone nicht, die *ndhlovukazi* (Mutter des Königs) zu überzeugen, die *organic proclamation* zu unterschreiben. Bei einem Treffen am 21. August bestritten die Swazis auch die Gültigkeit der *organic proclamation* vom 13. September 1890, einem Dokument, das Offy Shepstone für König Bhunu unterzeichnet haben sollte. Am 28. August 1894 verlor Offy endgültig seinen Posten als *resident adviser to the Swazi nation* und G.H. Hulett, ein Rechtsanwalt aus Natal, nahm die Stelle des *chief secretary to the Swazi Nation* ein.

Im November 1894 schickten die Swazis eine Delegation nach London, um gegen die Beschlüsse der Second Swaziland Convention (1893) zu protestieren. Im Oktober schrieb Offy Shepstone an Krogh[111] und Colonel Martin, um darzulegen, wie es damals zur Ratifizierung der *organic proclamation* vom 13. September 1890 kam und, um zu rechtfertigen, warum er diese anstelle von König Bhunu unterschrieben hatte. Am 16. November 1894 präsentierte die swazi Delegation dem *Colonial Secretary*, Lord Ripon, ein Memorandum, in dem sie die Königin von England baten, ein Protektorat über ihr Land zu errichten. Königin Victorias Antwort, die ihnen von Lord Ripon übergeben wurde, war die folgende:

> "The Queen is convinced that in framing that system Sir Henry Loch was animated by a sincere desire to do the best that could be done under the existing cir-

[111] *Special commissioner* für Swaziland der Südafrikanischen Republik

> cumstances for the interests of the Swazi people, and Her Majesty desires you to tell the Council and to inform them that it is Her Majesty's wish that they should be guided by the advice of her High Commissioner in South Africa, who represents the Queen in that part of the world and possesses Her Majesty's entire confidence." The Swazi deputation was firmly told to return to Swaziland the following day.[112]

Lord Ripon, dem klar war, dass Kruger nicht die Bedingungen der Briten erfüllen und einer *commercial federation* beitreten würde, hatte bereits im September 1894 beschlossen, die Territorien in Tongaland, zwischen Swaziland und dem Indischen Ozean, zu annektieren. Diesen Beschluss setzte er aber nicht gleich in die Tat um, sondern zuvor sollte noch die dritte und letzte Swaziland Convention ratifiziert werden. Die zweite Swaziland Convention trat somit nie in Kraft, weil die Zustimmung der Swazis, die sie voraussetzte, ausblieb.

D.6 Die Swaziland Convention von 1894

Am 10. Dezember 1894 wurde die Dritte Swaziland Convention in Charlestown an der Natalgrenze unterzeichnet. Johannes Smuts begleitete Loch zu den Verhandlungen. Diese dritte und letzte Swaziland Convention sollte den Widerstand der Swazis gegen eine südafrikanische Oberherrschaft beenden. Sowohl Sir Henry Loch als auch Lord Ripon, der Secretary of State for the Colonies, waren sich einig, dass das *eternal Swazi problem* nun endlich gelöst werden müsste. Nach Lochs Ansicht war klar:

> British protection of Swaziland is not only legally impossible, but is politically and economically undesirable, whilst an isolated, independent Swaziland under native rule could not exist for any length of time, and would, from the outset, be the prey of civil war, and an open field for filibusters and other disorderly characters.[113]

Die dritte Convention war im Wortlaut die gleiche wie die zweite Convention, mit dem Unterschied, dass diesmal eine Zustimmung der Swazis zur Dritten Convention nicht mehr vorgesehen war. Dafür war ein Passus vorgesehen, der besagte, dass im Falle der Unterzeichnung der Organic Proclama-

[112] J.S.M. Matsebula, A History of Swaziland, Cape Town: Longman, 1972, S. 130

[113] C.7611 No. 50 In: Boyce, S. 81

tion zur Zweiten Swaziland Convention von 1893 diese in Kraft treten würde und nicht die Dritte Convention von 1894. Großbritannien reservierte sich das Recht, die Interessen der Swazis und der Briten in Swaziland zu schützen und einen *consular officer* zu bestellen, der in Swaziland residieren würde. Swaziland sollte ein Protektorat der Südafrikanischen Republik werden, die die alleinigen Rechte über *legislation, jurisdiction and administration* innehatte, jedoch unter Berücksichtigung der swazi und britischen Interessen: *Swaziland was to pass under the control of the republic subject to certain safeguarding Native and British interests.* Pretoria gab eine *proclamation* heraus, die besagte, dass Swaziland nun ein Protektorat der Südafrikanischen Republik war. Im März 1895 zog der Transvaal Vierkleur in Bremersdorp ein. Swaziland wurde der Verwaltung der S.A.R. unterstellt. Großbritannien stellte interimsmäßig einen *British consular officer,* Colonel Martin, in Swaziland ab. Der Kommentar der Briten zur Swazilandlösung war folgender:

> That, in Loch's opinion, was the price which must be paid to avert war between the two white peoples of South Africa.[114]

Die Swazis hatten ihre Unabhängigkeit und ihre Souveränität verloren.

> [...] Lord Hailey writes: "It is from the date of this convention, therefore, that the Swazis lost that formal guarantee of independence which had been embodied in terms of the conventions of 1881, 1884 and 1890... The Swazis have since that time emphasized the fact that they were not parties to this convention. ...[115]

Die Swazis betonten mit gutem Grund, dass sie nicht Vertragspartei weder in der Zweiten, noch in der Dritten Swaziland Convention waren, und somit die Buren und Briten über ihre Köpfe hinweg diesen Vertrag geschlossen hatten. Fest stand, die Swazis hätten niemals die Zweite oder Dritte Swaziland Convention akzeptiert, ferner hatten sie auch nicht die erste Convention unterschrieben. Die Swazis waren ausschließlich an Verträgen beteiligt gewesen, die ihre Unabhängigkeit bescheinigten: an der Pretoria (1881) und der London Convention (1884).

[114] J.S.M. Matsebula, A History of Swaziland, Cape Town: Longman, 1972, S. 131
[115] Ibid., S. 131-132

Nachdem nun für die Briten die *Swaziland question* gelöst war, galt es nun für sie, Kruger den Weg zum Meer zu versperren. Dies geschah zwei Monate nach Ratifizierung der dritten Swaziland Convention. Sie annektierten die Gebiete der Zambaan und Umbegisa. Im Mai 1895 annektierten sie Tongaland. Kosi Bay war somit für Kruger unmöglich. Kruger war extrem verärgert. Lord Ripon teilte seinem Kollegen im Außenministerium mit, dass die Annexion auch eine Warnung für die Deutschen darstellen sollte, ihre Finger aus dem Transvaal herauszuhalten.

Am 29. Juli 1895 befand Joseph Chamberlain, der *Secretary of State for the Colonies,* in einem Telegramm an den britischen High Commissioner, Sir Hercules Robinson (Lord Rosemead), dass Johannes Smuts den Posten des britischen Konsuls in Swaziland antreten sollte, den er dann auch am 29. August 1895 antrat.

D.7 Völkerrechtliche Evaluierung

Alle drei Swaziland Conventions werfen Fragen auf, die im Folgenden diskutiert werden sollen. Beginnen wir bei der Ersten Swaziland Convention von 1890: Das Inkrafttreten der Ersten Swaziland Convention machte die Zustimmung der Swazis mittels *Organic Proclamation* nötig. Mit der Unterzeichnung der *Proclamation* vom 13. September 1890 durch die Swazis trat der am 2. August 1890 geschlossene Vertrag zwischen den Briten und den Buren in Kraft. Bis heute bestreiten die Swazis, dass sie die *Organic Proclamation* unterzeichnet hätten. Es ist fraglich, ob der tatsächliche Unterzeichner (Offy Shepstone) überhaupt die nötige Vertretungsmacht gehabt hatte, diese *Proclamation* für die Swazis anstelle König Bhunus zu unterschreiben. Da er lediglich den Posten des Sekretärs und *adviser to the Swazi nation* innehatte, ist dies sehr zu bezweifeln. Da die *Organic Proclamation* einen privatrechtlichen Charakter hatte, wäre ebenso zu prüfen, ob der Vertrag nicht sowieso sittenwidrig gewesen wäre. Die Art und Weise, wie es zum Vertrag kam, erinnert sehr an die Jamesonsche Vorgehensweise bei König Lobengula. Darüber hinaus war König Bhunu nicht nur *illiterate*, er war auch minderjährig. Die *Organic Proclamation* von 1890 dürfte faktisch nicht erfolgt sein, so dass auch die Erste Swaziland Convention nicht hätte in Kraft treten können. Kommen wir nun zur Zweiten und Dritten Swaziland Convention von 1893 und 1894: Wie bereits im Kapitel A2 ausgeführt, ist schon die Annährung an die Art der Verträge durchaus problematisch. Daher wird hier versucht, die Rechtslage von hinten aufzuziehen: offensichtlich sollte 1895 Swaziland ein Protektorat der S.A.R. geworden sein. Dies hätte einen wirksamen Protektoratsvertrag zwischen den Swazis und den Buren nötig gemacht. Ein solcher ist aber nie erfolgt. Dafür gibt es zwei Verträge von 1893 und 1894 zwischen den Briten und den Buren, bei einem (1893) hing die Wirksamkeit von der Zustimmung, der nachträglichen Genehmigung durch die Swazis ab. Die Zustimmung in Form einer *Organic Proclamation* blieb aus, daher kann davon ausgegangen werden, dass die Zweite Swaziland Convention von 1893, ebenso wie die Erste Convention von 1890 faktisch nicht in Kraft trat. Somit bliebe nur noch die Convention von 1894, die es hier genauer zu prüfen gilt. Es gibt hier einen Vertrag zwischen den Briten und den Buren, der zugunsten der Buren ein Protektorat über Dritte, die Swazis, errichten sollte. Die Sachlage – die Swazis baten um *britisches* Protektorat – lässt den Schluss zu, dass das künftige burische Protektorat gegen den Willen des Dritten geschehen sollte. Dies wäre völkerrechtlich gesehen eine Verletzung des Volkswillen gewesen, und als solches als Unrecht zu erachten. Die Swazis betonen bis heute, dass sie nicht Vertragspartner gewesen seien. Somit hätte also ein Protektoratsvertrag niemals rechtskräftig werden können. Dies wäre der Sachverhalt, wenn es sich bei der erzwungenen Zession um Völkerrechtssubjekte gehandelt hätte, wie in einem Präzedenzfall, dem von Elsass-Lothringen von 1871. Dies setzt aber im Fall Swazilands voraus, dass zunächst geklärt würde, ob die Swazis Völkerrechtssubjekte waren. Wären sie das damals nicht gewesen, dann hätte die S.A.R. ein koloniales oder staatsrechtliches Protektorat über das völkerrechtlich herrenlose Land errichten können. Da aber 1881 und 1884 die Briten und Buren bilaterale Verträge geschlossen hatten, und beide Swaziland die Unabhängigkeit zugesichert hatten, muss zumindest von einer Souveränität Swazilands nach außen ausgegangen werden. Dann hätte man Swaziland zumindest als halb-souverän erachten müssen und hätte das Land nicht mehr wie ein herrenloses Territorium behandeln dürfen. Folglich müsste auch dann die einseitige Willenserklärung der Buren als Unrecht erachtet werden. Im Falle Swazilands scheint das einseitig von den Buren aufgezwungene Protektorat, das jeglicher Vertragsgrundlage entbehrt, wie eine Art friedliche "Eroberung" oder wie eine erzwungene Schutzherrschaft. Ein Protektorat hätte, unter der Voraussetzung, dass Swaziland Völkerrechtssubjekt war, nur durch Vertrag zwischen den Buren und den Swazis zustande kommen können. Ferner hätte das Protektorat, laut Kongo-Akte Artikel 34 notifiziert werden müssen. Die Regelung, dass trotz des Protektorats durch die S.A.R. noch ein britischer Konsul die Interessen der Swazis und der Briten in Swaziland schützen musste, erweckt den Eindruck, dass es sich hierbei eventuell um ein Kollektivprotektorat handeln könnte, oder dass es zumindest gegenüber den Swazis den Anschein erwecken sollte, eines zu sein. Offensichtlich erfüllte es seinen Zweck, das Protektorat schien nachträglich durch Duldung stillschweigend anerkannt worden zu sein.

E Swaziland ab 1895

E.1 Swaziland erweist sich für Kruger als wertlos: 1895-1899

Swaziland and Kosi Bay were, however, side issues. The republic's main problems were internal ones.[116] Krugers Bestreben bestand nicht nur darin, einen Meerzugang samt Eisenbahn zu erhalten, sondern auch im eigenen Land die zunehmenden Probleme, ausgelöst durch die Einwanderungsströme zu lösen. Johannesburg im Jahr 1895 war der *richest spot on earth.* Im Jahr 1893 wurden am Witwatersrand über 40.000 Kilogramm Gold produziert, im Jahr 1898 fast 120 Tonnen, was damals mehr als ein Viertel der weltweiten Produktion ausmachte. Innerhalb von sechs Jahren nach dem ersten Goldfund am Rand kontrollierten lediglich 8 *mining houses* den gesamten Goldabbau.

> These houses, of which the group of companies run by Julius Wernher, Alfred Beit and Friedrich Eckstein and known as the Corner House was the largest, thus dominated the economic life of Johannesburg and, in concentric circles radiating away from there, that of the Transvaal and Southern Africa as a whole. [117]

Auch Cecil Rhodes investierte Kapital in die Goldminen, sein Freund L.S. Jameson entwickelte einen Plan, wie man sich das Gold mitsamt dem Transvaal am besten aneignen könnte. *And no wonder the British yearned to be the sole masters of the gold, as of the diamonds: the lords of a united South Africa under the British flag.*[118] 1895 zettelte L.S. Jameson einen Uitlanders Aufstand an, um die Kontrolle über die S.A.R. zu erlangen. Der Raid schlug fehl, Jameson wurde am 2. Januar 1896 von den Buren vernichtend geschlagen, der deutsche Kaiser gratulierte Kruger für seinen Sieg[119]. Ein Teil der Verantwortlichen wurde in England vor Gericht gestellt, die Drahtzieher im Hintergrund bleiben verschont, Cecil Rhodes trat von seinem Amt als Premi-

---

116 J.S. Marais, *The Fall of Kruger's Republic,* Oxford: Oxford University Press, 1961, S. 48

117 Robert Ross, *A Concise History of South Africa,* Cambridge: Cambridge University Press, 1999, S. 65-66

118 A.N. Wilson, The Victorians, Arrow Books, London, 2003, S. 606

119 Krugerdepesche: Glückwunschtelegramm des Kaisers Wilhelm II vom 3.1.1896 an Paul Kruger

er am Kap und als Direktor der BSAC zurück. Die BSAC musste fast £1 Million Schadenersatz an die Buren bezahlen. Das Vertrauen zwischen Buren und Briten war endgültig zerstört. Alle Augen richteten sich nun auf Südafrika, auch der Spott blieb nicht aus:

> In South Africa, a small republic, with an army the size of an ordinary German principality, has been able to defy the power of Great Britain.[120]

Der Jameson Raid fügte Rhodes Ruf und Karriere in England keinen Schaden zu, da die Öffentlichkeit dort pro-Jameson eingestellt war. Der neue *Colonial Secretary* Joseph Chamberlain ermunterte Rhodes sogar, die britische Vormachtstellung im südlichen Afrika vorwärts zu treiben.

> The Jameson Raid of 1895 was a hasty, illegal operation for which the perpetrator received a token prison sentence in Holloway. But Rhodes and Jameson had only done vulgar haste what Chamberlain – and Salisbury – wanted to do by negotiation or conquest: acquire Johannesburg. This is, as Rhodes wrote in a secret letter to Alfred Beit in 1895, "the big idea which makes England dominant in Africa, in fact gives England the African continent".[121]

Doch das Interesse der Briten an der S.A.R. blieb auch nach dem gescheiterten *Raid* bestehen, allerdings waren sie nicht die einzigen:

> When Salisbury, the British prime minister, asked the German ambassador, Hatzfeld, early in 1896 what Germany's interests in the republic were, he replied "over 500 million marks of German capital and...about 15,000 Germans"; which, declared Hatzfeld, convinced Salisbury "that we had to interest ourselves in the situation over there".[122]

Außenpolitisch war Kruger bestrebt, mit den Deutschen eine Allianz gegen die Briten einzugehen. Er war im Begriff, mit den Deutschen über eine Teilung Südafrikas zu verhandeln und kaufte Waffen von ihnen. Kaiser Wilhelm II begann, seine Flotte aufzubauen. Die deutsche Seerüstung sollte das britisch-deutsche Verhältnis erheblich verschlechtern. Im Oktober 1895 ließ der deutsche Außenminister, Marschall von Bieberstein, den britischen Botschafter in Berlin wissen, dass die Deutschen nicht für die feindselige Ein-

[120] Lloyd George, 28 November 1896, In: A.N. Wilson, op.cit., 2003, S. 596

[121] A.N. Wilson, The Victorians, Arrow Books, London, 2003, S. 606

[122] J.S. Marais, *The Fall of Kruger's Republic,* Oxford: Oxford University Press, 1961, S. 48

stellung der Buren gegenüber den Briten verantwortlich seien, sondern [...] *it was largely due to the treibereien of Rhodes*[123].

Wenig Augenmerk konnten die Buren in dieser Zeit auf Swaziland richten. Sie übernahmen im Februar 1895 offiziell die Regierung. Unter den Swazis war ein bürgerkriegsähnlicher Zustand ausgebrochen mit *smellings out* und *killings off.*

> The King drank excessively, and in consequence [...] exercised his "kingly" powers in a manner utterly inconsistent with civilised law and custom, as enjoined upon him by the 1894 Convention and by Republican Government. Pillage, robbery, mutilation, and murder were the order of the day in all parts of the country and were committed by both by order of the King himself and in imitation of his example. [124]

Naturkatastrophen suchten in den Jahren 1895 bis 1897 das südliche Afrika heim: Trockenheit, *locusts,* Rinderpest, *tick fever, Rhodesian red-water* dezimierte in Swaziland die Rinderherden. Die Buren verbreiteten,

> [...] it was the wicked Mr Rhodes who introduced Rinderpest as a policy to Matabeleland, the Transvaal, Orange Free State & Basutoland.[125]

Dennoch führten die Buren eine Besteuerung in Form einer *special tax* in Höhe von £2 pro Mann und Kopf, sowie *hut tax* und *road toll.* Die Swazis protestierten, denn sie waren die am höchsten besteuerten Schwarzen des südlichen Afrikas. Viele junge Swazis gingen daher als *migrant workers* in die Minen Transvaals. Ein Matthias Johannes Jacobus Grobler hielt die *labour monopoly concession* und schickte alle männlichen Swazis zwischen 17 und 45 Jahre in die S.A.R.

Mit dem Protokoll vom 5. Oktober 1898 wurden alle Swazis unter Transvaal-Recht gestellt, auch König Bhunu. Die Briten, die nach der dritten Swaziland Convention von 1894 immer noch eine Art Mitspracherecht hatten, stimmten zu. Damit sollte das Morden und Ausräuchern ein Ende finden.

[123] J.S. Marais, *The Fall of Kruger's Republic,* Oxford: Oxford University Press, 1961, S. 48

[124] Francis J. Mashasha, The Road to Colonialism: Concessions and the Collapse of Swazi Independence, 1875-1926, Thesis (D.Phil.), University of Oxford, 1977, S. 259

[125] Ibid., S. 262

Gegen Ende der Regierungszeit der Buren hatten sich die Swazis ihrem Schicksal ergeben:

> […] natives have such a fear of the Boer officials' vengeance that they prefer quiet submission to lodging complaints.[126]

Swaziland war auf dem besten Wege dazu, ähnlich wie Zululand, in *chiefdoms* zerschlagen zu werden und in den Transvaal (Zululand in Natal, hingegen) einzugehen. Der Ausbruch des *Anglo-Boer War* änderte Swazilands Schicksal.

E.2 Der *Anglo-Boer War*: 1899-1902

Seit Juni 1895 waren in England wieder die Konservativen unter Lord Salisbury an der Regierung. Diese Regierung setzte ihre expansionistische Politik im südlichen Afrika fort. Sukzessive wurden die Stämme der Ngwaketse, Kwena und Ngwato unterworfen. Im Mai 1895 annektierten die Briten Tongaland und Matabeleland.

Im Mai 1897 wurde Sir Alfred Milner[127] als High Commissioner nach Südafrika geschickt. 1898 gewann der Bond die Wahlen am Kap, Milner war alarmiert. Im November 1898 reiste er zu Unterredungen nach England und kam erst im Februar 1899 wieder zurück. *Es scheint klar zu sein, dass Sir Alfred Milner den Auftrag erhalten hatte, Kruger irgendwie zu beseitigen*[128], schreibt Professor Bertaux in seiner Afrika-Geschichte. Die Briten rüsteten auf und schickten im Jahr 1899 10.000 Soldaten aus dem Mittleren Osten nach Südafrika. Milners diplomatisches Geschick machte es möglich, dass die Südafrikanische Republik den Briten am 12. Oktober 1899 den Krieg erklärte. Die Briten waren zahlenmäßig und waffenmäßig überlegen. 1899 hatte Krugers Republik einen Waffenbestand von ungefähr 31 Maschinengewehren, 62.950 Gewehren und 6.000 Revolvern. Demgegenüber stand eine

[126] Francis J. Mashasha, The Road to Colonialism: Concessions and the Collapse of Swazi Independence, 1875-1926, Thesis (D.Phil.), University of Oxford, 1977, S. 288

[127] Alfred Milner, 1st Viscount Milner (1854-1925)

[128] Pierre Bertaux (Hrsg.), *Afrika, Von der Vorgeschichte bis zu den Staaten der Gegenwart,* Frankfurt: Fischer Weltgeschichte, 1966, S. 194

britische Truppe von circa 200.000 Mann. (Zum Vergleich soll dienen: die gesamte weiße Bevölkerung der S.A.R. und des Orange Free States zählte (samt Frauen und Kindern) ungefähr 300.000 Menschen). Als der Krieg ausbrach, formierten knapp 1.600 freiwillige Iren, Amerikaner, Deutsche, Skandinavier, Franzosen, Holländer und Russen Krugers *Foreign Brigade.* Die Briten schickten Regimenter aus Australien, Kanada, Neuseeland und Indien. Zunächst waren von Oktober bis Dezember 1899 die Buren in der Offensive, ab Januar 1900 die Briten. Am 13. März 1900 eroberten die Briten die Hauptstadt des Orange Free States, Bloemfontein, am 5. Juni 1900 Pretoria. Die Buren zogen sich in die portugiesischen Gebiete zurück, legten aber im August 1900 ihre Waffen nieder, worauf Großbritannien die Annexion des Transvaals proklamierte und Lord Kitchener[129] den Oberbefehl ab November 1900 übernahm. Die Buren weigerten sich, die Niederlage und die Annexion des Transvaals anzuerkennen, und begannen einen erbitterten Guerillakrieg gegen die Briten. Mittlerweile hatten sich alle Buren Südafrikas an die Buren des Transvaals und des Orange Free States angeschlossen. Kitchener antwortete mit dem totalen Krieg. Die Briten vernichteten Landstrich um Landstrich, trieben die Bevölkerung in Konzentrationslagern zusammen, ca. 250.000 Menschen wurden interniert. Sie deportierten die burischen Soldaten nach St. Helena oder Ceylon und vernichteten jegliche Lebensgrundlage für die Buren, indem sie ihre Herden beschlagnahmten, ihre Brunnen vergifteten und ihre Felder abbrannten. Die burischen Guerillakämpfer versuchten, den Briten die Versorgungs- und Informationswege abzuschneiden. Schließlich ergaben sich die Buren und es wurde am 31. Mai 1902 mit dem Treaty of Vereeniging Friede geschlossen. Milner entwarf die *terms of surrender.* Der Transvaal und der Orange Free State wurden Kronkolonien. Milner wurde im Juli 1902 für seine Verdienste in Südafrika in den Stand des Viscounts erhoben.

In Swaziland waren die Auswirkungen des *Anglo-Boer War* auch zu spüren. Mit Kriegsausbruch wurde die burische Verwaltung aus Swaziland abgezo-

[129] Horatio Herbert Kitchener, 1st Earl Kitchener (1850-1916)

gen und die Kontrolle über Swaziland an König Bhunu und sein Council rückübertragen. Bhunu wurde angewiesen, sich während des Krieges neutral zu verhalten. Milner ließ Bhunu wissen,

> The British Government, […], was bound to prevail in the end, and would continue to take care of him and his people if they respected the interests of British subjects.[130]

Am 18. September beorderte Sir Alfred Milner den britischen Konsul in Swaziland, Colonel Jan Smuts[131], sich unverzüglich aus Swaziland zurückzuziehen. Smuts hatte Einwände, er wies Milner darauf hin, die Swazis könnten dadurch vermuten, sie seien erneut unabhängig:

> […] This not being Transvaal territory, and as on the outbreak of the war the [1894] Convention would be deemed to have ceased, would not Swaziland independence re-appear?[132]

Am 10. Dezember 1899 starb König Bhunu, seine Mutter, Labotsibeni setzte das *smelling-out* und *killing off* fort, in der Absicht diejenigen zu treffen, die am Tod Bhunus Schuld hatten. Labotsibeni hielt sich auch nicht an die den Swazis auferlegte Neutralität, sondern spielte doppeltes Spiel:

> […] while processing the utmost loyalty to the British Crown, she maintained friendly relations with the Boers. Although she maintained friendly relations with the Boers, Nabotsibeni nevertheless completely freed her country from all vestiges of Boer rule. At the same time, the Queen Regent avoided committing herself more than necessary to the British as she was fully aware that British protection would mean a lessening of her power. Moreover, as the outcome of the war was still uncertain, the Queen Regent no doubt also considered it unwise to commit herself too deeply to the British.[133]

Im Jahr 1900 schickte sie eine Petition an Königin Victoria und bat sie um britisches Protektorat. Sie schrieb:

> […] that by the convention of 1894 the Swazis were placed in a very difficult and unjust position, and our rights have been most seriously encroached upon since.

[130] Francis J. Mashasha, The Road to Colonialism: Concessions and the Collapse of Swazi Independence, 1875-1926, Thesis (D.Phil.), University of Oxford, 1977, S. 288-289

[131] Jan Christiaan Smuts (1870-1950)

[132] Mashasha, op.cit., S. 289

[133] Ibid., S. 291

> We now ask Your Majesty to take us under your imperial protection and to see that our wrongs are redressed.[134]

1901 erhielt Labotsibeni eine Antwort vom British Secretary of State, dass *[...] her request would be remembered "when the war was over"*[135].

Trotz Berücksichtigung ihres Wunsches nach britischem Protektorat, trat nun genau der von Jan Smuts erwartete Zustand ein, dass Labotsibeni verkünden würde, die Swazis als unabhängige Nation hätten nun freiwillig die britische Souveränität anerkannt. Sie ließ mitteilen :

> [...] that they had regained their independence in 1899 and only voluntarily surrendered that independence and sovereignty to the British in 1902; consequently they claimed that they could not and should not be treated as a conquered people as was the case with, say the Zulu after 1879, or, indeed, the Boers after 1902.[136]

E.3 Swaziland wird britisch: 1902

Der Status Swazilands zu Beginn des 20. Jahrhunderts ist unklar. Großbritannien erlangte zwar die Kontrolle über Swaziland, ließ aber im Ungewissen, was Swaziland rechtlich gesehen für Großbritannien darstellte. Als die Briten den *Anglo-Boer War* im Jahre 1902 gewonnen hatten, wurde Transvaal eine britische Kolonie, und somit ging die Kontrolle über Swaziland von der Südafrikanischen Republik auf die Briten über. Am 2.September 1902 entsandte Großbritannien einen *Special Commissioner* nach Swaziland, zusammen mit 150 Männern der *South-African Constabulary*. Am 25.Juni 1903 verkündete Großbritannien das *Swaziland Order-in-Council*, und die Verwaltung Swazilands wurde formal von den Briten übernommen.

> In its preamble the Order stated that because the Transvaal had been conquered, its administration of Swaziland had ceased, and that this responsibility had now passed to the British Crown. Britain would govern the country through the Governor of the Transvaal in the name of the King of England. The Governor was empowered by the Order to rule Swaziland by proclamations, which would be issued from time to time. It was under these powers that the Governor (later the

[134] J.S.M. Matsebula, A History of Swaziland, Cape Town: Longman, 1972, S. 146

[135] Ibid., S. 146

[136] Francis J. Mashasha, The Road to Colonialism: Concessions and the Collapse of Swazi Independence, 1875-1926, Thesis (D.Phil.), University of Oxford, 1977, S. 293

> High Commissioner) issued many controversial proclamations. However, the Order-in-Council did not define or declare the official status of Swaziland in relation to Britain. Hence, for sixty-five years Swaziland was legally not a "protectorate", a "colony", a "possession" or a "protected state".[137]

Zwischen 1903 und 1907 wurde Swaziland als ein *district* Transvaals verwaltet. Das *Order-in-Council* von 1903 beschränkte die swazi Rechtssprechung auf rein swazi Angelegenheiten. Darüber hinaus wurde der "Inkosi" nicht länger als König bezeichnet, sondern nur noch als *paramount chief.*

Im Jahre 1904 wurde dem Gouverneur Transvaals, Sir Alfred Milner, die Gesetzgebungsgewalt und die Steuerhoheit über Swaziland übertragen. Milner benannte den *Special Commissioner* für Swaziland um in *Resident Commissioner.* Die Gesetzgebung für den Transvaal sollte auch in Swaziland Anwendung finden. Sir Alfred setzte auch eine *concessions commission* ein, die nun endgültig die Rechtmäßigkeit der Konzessionen in Swaziland überprüfen sollte. Jan Smuts sollte den Vorsitz der Kommission führen. Der Jurist, der mit der Prüfung beauftragt wurde, war J.B. Rubie, sein Bericht sollte in die Geschichte Swazilands als Rubie Report eingehen. Der Vorschlag Allister Millers setzte sich bei der Lösung der heiklen Angelegenheit der Konzessionen durch: von jeder Landkonzession sollte ein Drittel an die Swazis abgetreten werden, zwei Drittel durfte der Konzessionär behalten. Die Monopole sollten alle abgeschafft werden und deren Besitzer in Höhe des Werts des Monopols im Jahre 1899 entschädigt werden. Die Konzessionen über 99 Jahre wurden in *freehold concessions* umgewandelt. So wurde dank der Milner-Miller Vorschläge die weiße Gemeinschaft in Swaziland auf eine solide wirtschaftliche Basis gestellt. Die Landkonzessionen, die als *lease* oder *grant* ursprünglich gewährt wurden, waren nun, verkleinert um ein Drittel, Eigentumsansprüche. Die Swazis protestierten zwar und nannten diese Vorgehensweise eine *legalized robbery,* aber selbst die nach England entsandte Delegation konnte nichts ändern.

[137] J.S.M. Matsebula, A History of Swaziland, Cape Town: Longman, 1972, S. 149

Im Dezember 1906 wurde dem Transvaal *self-government* zugebilligt. Deshalb stellte das neue *Order-in-Council* von 1907 Swaziland unter die Kontrolle des High Commissioners für Südafrika.

> "Hitherto," Selborne[138] said, "I have governed Swaziland as the Governor of the Transvaal, and some people have thought that Swaziland would soon be joined to the Transvaal. The King of England has now decided that Swaziland shall be governed by the High Commissioner and that there will be no connection between the Government of Swaziland and the Government of the Transvaal. Therefore from this time on I shall govern you as High Commissioner and not as Governor of the Transvaal."[139]

Mit der Proklamation von 1907 wurden der paramount chief und die anderen chiefs ihrer Autorität über die *criminal jurisdiction* enthoben.

> In 1902 after the conclusion of hostilities in the Transvaal a Special Commissioner took charge and under an Order in Council (1903) the Governor of the Transvaal administered the territory, through a local officer until 1907, when, under an Order in Council (1906) the High Commissioner assumed control and established the present form of administration.[140]

1907 wurde Swaziland *gewissermaßen* ein britisches Protektorat, regiert von einem britischen High Commissioner und mit dem König von England als Staatsoberhaupt.

> "The King of England has taken you under his protection, and he has made himself responsible for you."[141]

Der Status Swazilands war der eines Protektorats, jedoch wurde Swaziland eher wie eine Kolonie regiert. Mit dem Sieg über die S.A.R. waren de facto alle Rechte von der Republik auf die Briten übergegangen, so auch die Souveränität über die Swazis.

---

[138] William Waldegrave Palmer, 2nd Earl of Selborne (1859-1942), von 1905 bis 1910 High Commissioner for South Africa

[139] J.S.M. Matsebula, A History of Swaziland, Cape Town: Longman, 1972, S. 154

[140] Annual Report on the Social and Economic Progress of the People in Swaziland, In: Brian Allan Marwick, *The Swazi, An Ethnographic Account of the Natives of the Swaziland Protectorate,* London: Frank Cass & Co. Ltd., 1966, S. 288

[141] Selbourne, In: Matsebula, op.cit., S. 154

Dennoch hätte es rechtlich einer Annexion Swazilands durch die Briten bedurft, um die Land- und Konzessionenfrage zu lösen, da es sich hier um swazi und nicht um britischen Boden handelte.

> The Attorney General of the Transvaal Colony, Sir Richard Salomon, who had always favoured annexation as the easiest and most neat solution to the Swaziland constitutional tangle, told the Colonial Office that in his opinion the Swazi were entitled to all land of Swaziland and that the British Government, like the Republican Government before them, could not deal any.[142]

Swaziland hatte seine Unabhängigkeit an England verloren, soviel war sicher. Aber England behandelte die *Swaziland Question* pragmatisch, ohne jeglichen Versuch, *the Crown's exact legal status in Swaziland* zu klären. Lambert, stellvertretend für den Colonial Office, drückte es so aus:

> As far as Swaziland is concerned I don't think any further action is needed & I should have thought it better to let the general question alone until it is raised again in a particular form.[143]

[142] Francis J. Mashasha, The Road to Colonialism: Concessions and the Collapse of Swazi Independence, 1875-1926, Thesis (D.Phil.), University of Oxford, 1977, S. 358

[143] Ibid., S. 359-360

F Konklusion

Eroberte Großbritannien Swaziland? Nein, Großbritannien eroberte Swaziland nicht. Swaziland fiel Großbritannien förmlich in den Schoß. Auch gab sich Großbritannien in den Jahren 1880 bis 1895 alle Mühe, sich Swaziland förmlich vom Hals zu halten. Alle Gesuche um britisches Protektorat wurden entweder vertagt, an inakzeptable Bedingungen geknüpft oder abgelehnt. Denn, wie der High Commissioner Loch sagte, Swaziland war *politically and economically undesirable.* Es war wirtschaftlich gänzlich uninteressant, es hätte als britisches Protektorat voraussichtlich mehr Kosten als Nutzen gebracht. Es war *landlocked*, es lag nicht auf der *all-red route.* Aber es stellte über all die Jahre das probateste Mittel dar, um mit Kruger und der Republik zu verhandeln. Selbst 1895 noch, als längst klar war, dass Kruger keinen eigenen Hafen mehr erhalten sollte, wurde die großzügige Abtretung Swazilands noch diplomatisch als versöhnliche Geste gegenüber der Republik dargestellt. Swaziland war, was die britisch-burischen Verhältnisse anging, für die Briten Gold wert. Mit ihrer Hinhaltetaktik und dem Wissen, dass Kruger Swaziland fast um jeden Preis haben wollte, sollten die Briten auf diplomatischem Wege fast alles erhalten, was sie von der Südafrikanischen Republik forderten. Selbst die *economic union* erhielten die Briten noch, dank Swaziland. Für die politische Union genügte bedauerlicherweise die Diplomatie nicht mehr. Dennoch, die Briten hatten ihre Ziele im südlichen Afrika realisiert. Auch Cecil Rhodes war, dank Swaziland, zu dem gekommen, was er haben wollte, die Charter für das zukünftige Rhodesien. Nun war im Jahr 1902 der Transvaal besiegt, und Swaziland sollte an die Briten übergehen. Das *eternal Swazi problem*, als solches von Sir Henry Loch und Lord Ripon bezeichnet, stand nun wieder zur Diskussion. Wieder machten die Swazis geltend, sie wären de facto immer noch, oder jetzt wieder, unabhängig. Wieder baten die Swazis um britisches Protektorat. Wieder ließ Großbritannien das politische Schicksal Swazilands im Ungewissen und verwaltete Swaziland zunächst als einen Distrikt des Transvaals. Das eingesetzte britische Konzessionengericht erkannte bis auf die Monopole alle Konzessionen an und transformierte alle *grants* oder *leases* in Eigentumsrechte. Jetzt, nachdem die Swazis das erreicht hatten, was sie in all den Jahren haben wollten, standen sie schlechter da wie je zuvor. Um die Steuern bezahlen zu können, um ihr Land von den Briten zurückkaufen zu können, mussten sich die swazi Männer in den Gruben Transvaals verdingen. Mit der Proklamation von 1907 mussten sie den König von England als Staatsoberhaupt anerkennen, der eigene König durfte sich nur noch paramount chief nennen. Das Land gehörte nun den neuen Eigentümern oder der Krone, nur ein kleiner Teil konnte noch von den Swazis genutzt werden. Der Beginn des 20. Jahrhunderts war eine schwere Zeit für die Swazis, und so sollte es auch keine Rolle spielen, ob Swaziland nun tatsächlich ein Protektorat, eine Kolonie, ein *possession* oder ein *protected state* war. Dennoch, völkerrechtlich betrachtet bleibt Vieles nach wie vor im Dunkeln. Oder wie Castellino und Allen sagen:

> The powers decided to perceive Africa as terra nullius because in practice they possessed the military strength to do so. At no point did the powers question their right to colonize Africa; the history of the period reveals that the question was always *how* and not *why*.[144]

[144] Joshua Castellino, Steve Allen, *Title to Territory in International Law*, Aldershot: Ashgate, 2003, S. 98

G Bibliographie

1. Primärliteratur:

1.1 Verträge:

Reichstag, Aktenstück Nr. 290 (Kongo-Frage), No. 44., General-Akte der Berliner Konferenz, Berlin, 26.2.1885, S. 1664-1670

The Convention of Pretoria, 3 August 1881, Parliamentary Papers, LXVII, C.2998; In: Deryck Marshall Schreuder, *Gladstone and Kruger: Liberal Government and Colonial "Home Rule" 1880-85*, London: Routledge & Kegan Paul, 1969, Appendix I, S. 489-497

The Convention of London, 27 February 1884, Parliamentary Papers, LVII, C.3914; In: Deryck Marshall Schreuder, *Gladstone and Kruger: Liberal Government and Colonial "Home Rule" 1880-85*, London: Routledge & Kegan Paul, 1969, Appendix II, S. 498-502

1st Swaziland Convention, 1890; In: Arold Napier Boyce, *The Swaziland Concessions and their Political Consequences, 1876-1908,* Dissertation (M.A.), University of South Africa, 1946

2nd Swaziland Convention, 1893; In: Arold Napier Boyce, *The Swaziland Concessions and their Political Consequences, 1876-1908,* Dissertation (M.A.), University of South Africa, 1946

3rd Swaziland Convention, 1894; In: Arold Napier Boyce, *The Swaziland Concessions and their Political Consequences, 1876-1908,* Dissertation (M.A.), University of South Africa, 1946

1.2 Dokumente der britischen Regierung:

F. De Winton, Report on Swaziland, Parliamentary Papers, C.6201(1890)

1.3 Briefe Cecil Rhodes:

The Royal Commission on Historical Manuscripts, Reproduced for Rhodes House Library, London, 1981:

- MSS Afr. t 14 ff 113-18 Letter from Rhodes to Sir Robert Herbert
- MSS Afr. t 6 f 190 Letter from Rhodes to Earl Grey from 29 June 1898
- MSS Afr. s 228 C27 11 Letter from Dormer to Rhodes from 21 November1890

2. Sekundärliteratur:

Dudley Barker, *Swaziland*, London: Her Majesty's Stationery Office, 1965

Pierre Bertaux (Hrsg.), *Afrika, Von der Vorgeschichte bis zu den Staaten der Gegenwart,* Frankfurt: Fischer Weltgeschichte, 1966

Alan C.G. Best, *The Swaziland Railway: A Study in Politico-Economic Geography,* Michigan: African Studies Center, 1966

Ettagale Blauer, Jason Lauré, *Swaziland,* New York: Grolier, 1996

Philip Bonner, *Kings, Commoners and Concessionaires,* Cambridge: Cambridge University Press, 1983

Alan R. Booth, *Swaziland: Tradition and Change in a Southern African Kingdom,* Boulder: Westview Press

Arold Napier Boyce, *The Swaziland Concessions and their Political Consequences, 1876-1908,* Dissertation (M.A.), University of South Africa, 1946

Joshua Castellino, Steve Allen, *Title to Territory in International Law,* Aldershot: Ashgate, 2003

Jessica Conway, *Swaziland,* New York: Chelsea House, 1988

William Jesser Coope, *Swazieland as an Imperial Factor,* London: James Barker & Co., 1892

Jonathan Crush, *The Struggle for Swazi Labour, 1890-1920,* Kingston: McGill-Queen's University Press, 1987

Jörg Fisch, *Die europäische Expansion und das Völkerrecht,* Wiesbaden: Steiner, 1984

Jörg Fisch, *Geschichte Südafrikas,* München: Deutscher Taschenbuch Verlag, 1990

David Forbes, *My Life in South Africa, A Narrative of 70 years' Pioneering in Mid-East Africa,* London: H.F. & G. Witherby, 1938

Gregory Fremont-Barnes, *The Boer War 1899-1902,* Oxford: Osprey, 2003

Noel George Garson, *The Swaziland Question and A Road to the Sea, 1887-1895,* In: Archives Year Book for South African History, Cape Town: Cape Times Ltd., 1957

D. Hugh Gillis, *The Kingdom of Swaziland, Studies in Political History,* Westport: Greenwood Press, 1999

Peter J. Gosnell, *Big Bend, a history of the Swaziland Bushveld*, 2001

W.M. Hailey, *An African Survey, Revised 1956,* London: Oxford University Press, 1957

W.M. Hailey, *The Republic of South Africa and the High Commission Territories*, London, 1963

Knut Ipsen, *Völkerecht,* München: Beck, 2004

Lawrence James, *The Rise and Fall of the British Empire,* London: Little, Brown and Company, 1994

Huw M. Jones, *Biographical Register of Swaziland to 1902,* Pietermaritzburg: University of Natal Press, 1993

Peter Kasenene, *Religion in Swaziland,* Braamfontein: Skotaville Publishers, 1993

Hilda Kuper, *The Swazi: A South African Kingdom,* Belmont: Thomson, 2002

J.S. Marais, *The Fall of Kruger's Republic,* Oxford: Oxford University Press, 1961

Brian Allan Marwick, *The Swazi, An Ethnographic Account of the Natives of the Swaziland Protectorate,* London: Frank Cass & Co. Ltd., 1966

Francis J. Mashasha, *The Road to Colonialism: Concessions and the Collapse of Swazi Independence, 1875-1926,* Thesis (D. Phil.), University of Oxford, 1977

Edward P. Mathers, *Gold Fields of South Africa*, London, 1884

Edward P. Mathers, *The Gold Fields Revisited*, Durban: P. Davis & Sons, 1887

Edward P. Mathers, *Golden South Africa*, London: W.B. Whittingham & Co., 1888

J.S.M. Matsebula, *A History of Swaziland,* Cape Town: Longman, 1972

A.M. Miller, *Swaziland – The California of South Africa,* Mbabane and Johannesburg: Argus Printing and Publishing Company Ltd., 1907

Kenneth O. Morgan (Hrsg.), *The Oxford History of Britain,* Oxford: Oxford University Press, 2001

Augustine Muhirwa, *A Simplified History of Southern Africa,* Matsapha: Carthy Publications Ltd., 2002

Thomas Pakenham, *The Boer War,* London: Abacus, 2000

Laurel L. Rose, *The Politics of Harmony, Land dispute strategies in Swaziland,* Cambridge: Cambridge University Press, 1992

Robert Ross, *A Concise History of South Africa,* Cambridge: Cambridge University Press, 1999

Walter Schätzel, *Die Annexion im Völkerrecht,* Berlin: Engelmann Verlag, 1920

Deryck Marshall Schreuder, *Gladstone and Kruger: Liberal Government and Colonial "Home Rule" 1880-85*, London: Routledge & Kegan Paul, 1969

Deryck Marshall Schreuder, *The Scramble for Southern Africa, 1877-1895,* Cambridge: Cambridge University Press, 1980

David Steele, *Lord Salisbury, A Political Biography,* London: UCL Press, 1999

David Thomson, *Europe since Napoleon,* London: Penguin, 1990

John Thorburn, *Struggles in Africa and How I transported a Steam-boat on Wheels 1,600 Miles across the Country*, London: The Swazieland Concessionaire, 1890

C.J. Uys, *In the Era of Shepstone*, Lovedale: Lovedale Press, 1933

C.C. Watts, *Dawn in Swaziland*, London: Society for the Propagation of the Gospel in Foreign Parts, 1922

A.N. Wilson, *The Victorians,* London: Arrow Books, 2003

Karl-Heinz Ziegler, *Völkerrechtsgeschichte,* München: Beck, 1994

BIRGIT S. SEIBOLD

EMILY HOBHOUSE UND DER BURENKRIEG

Die Konzentrationslager in Südafrika von 1899-1902

ISBN 978-3-8382-0422-2
260 Seiten, Paperback. € 29,90

Emily Hobhouse war eine bemerkenswerte Frau, die in ihrem Leben Beachtliches geleistet hat und nun leider in Europa in Vergessenheit zu geraten droht. Sie besuchte von Januar bis Mai 1901 als erste britische Zivilistin sechs Konzentrationslager in Südafrika, in denen hauptsächlich Frauen und Kinder der Buren gefangen gehalten wurden, und berichtete von den Zuständen in diesen Lagern. Eine detaillierte Schilderung veröffentlichte sie im Sommer 1901, den sogenannten Hobhouse Report. Dieser Bericht löste in Großbritannien eine Welle der Empörung aus und teilte die Bevölkerung in Befürworter und Gegner des Konzentrationslagersystems. In der Folge sah sich Hobhouse mitunter heftigster Kritik durch die britische Regierung ausgesetzt und wurde oft genug ihres menschlichen Einsatzes für die Buren wegen als Vaterlandsverräterin beschimpft. Die britische Regierung setzte jedoch auf Druck der Öffentlichkeit eine Untersuchungskommission unter Leitung von Millicent Garrett Fawcett ein, welche die von Hobhouse angeprangerten Zustände in den britischen Konzentrationslagern untersuchen sollte.

Dr. Birgit Seibold verfolgt in ihrer hier Studie zwei Ziele. Zum einen stellt sie bislang wenig bekannte biographische Informationen über Emily Hobhouse im Zeitraum von 1899 bis 1902 dar, der Zeit des Burenkriegs in Südafrika.
Das andere Ziel ist die Überprüfung der Hypothese, dass sich der Hobhouse Report und der spätere offizielle Bericht der Untersuchungskommission, der sogenannte Fawcett Report, wesentlich voneinander unterscheiden, da Emily Hobhouse regierungsunabhängig berichtet hatte.
Das erstaunliche Ergebnis zeigt, dass der systematische, regierungsamtliche Bericht nicht nur die von Hobhouse angeprangerten Missstände, sondern darüber hinaus noch zahlreiche weitere Kritikpunkte aufgelistet hat. Dennoch blieb das Bild von Emily Hobhouse in der Wahrnehmung vieler ihrer britischen Zeitgenossen äußerst zwiespältig.

Jennifer Hobhouse Balme

To Love One's Enemies

The work and life of Emily Hobhouse

ISBN 978-3-8382-0341-6 (**Paperback**)
710 pages, with many illustrations.
€ 49,90

ISBN 978-3-8382-0441-3 (**Hard cover**)
710 pages, with many illustrations.
€ 64,90

Emily Hobhouse, 1860-1926, was one of the first great women of the twentieth century. She was a feminist, a pacifist and an internationalist, and above all a humanitarian. She worked tirelessly for the disadvantaged and, in the case of the South African women and children who were herded into concentration camps by Lord Kitchener, was relentless in expounding their cause. This took great courage. She was deported from Cape Town, and was unable to get legal redress.

Emily Hobhouse's young life was spent in a tiny village in east Cornwall where her father was Rector and it was only when he died that she was able to expand her horizons. She was 35 and untrained. She went to Minnesota, U.S.A., to do welfare work for Cornish miners and formed an unfortunate relationship with a man who became Mayor of the town. They planned to marry and live in Mexico. Emily spent a trying time until the engagement was broken off just before the Boer War started.

After the war she travelled through the ravaged areas of South Africa and devised a successful scheme of home industries for young girls on isolated farms. Illness forced her to seek refuge in Italy where she remained almost to the beginning of World War I, and began her famous correspondence first with J.C. Smuts and then with Isabel Steyn. Her comments on the events of the day show unusual foresight.

She was loved by the people of South Africa and admired by those like Mahatma Gandhi who asked for her help. She was a bit of a painter, a writer and an entertainer, and in spite of ill-health travelled easily between countries, even in the midst of the first World War when she went to Germany, and hoped to obtain peace. Returning to Europe after that war Emily Hobhouse put into a place a number of schemes to help the impoverished, but the cry of the children of Leipzig won her particular sympathy, and with the help of the Save the Children Fund and later the South Africans she devised a feeding scheme for them. The South Africans so admired her that they clubbed together to buy her a little house in Cornwall, at St. Ives. Later Emily moved to London where she died, 8th June 1926. Her remains were cremated and the ashes buried at the foot of the memorial for the women and children who died in the Anglo Boer War for whom she had worked so hard.

This book contains an outline of Emily Hobhouse's life and work including much new material; official and un-official records of the Concentration Camps set up by Lord Kitchener in the Anglo Boer War; many letters, and correspondence with J.C. Smuts and Isabel Steyn, wife of the ex-President of the Orange Free State.

ibidem-Verlag
Melchiorstr. 15
D-70439 Stuttgart
info@ibidem-verlag.de

www.ibidem-verlag.de
www.ibidem.eu
www.edition-noema.de
www.autorenbetreuung.de

Zeitfracht Medien GmbH
Ferdinand-Jühlke-Straße 7
99095 Erfurt, Deutschland
produktsicherheit@kolibri360.de